Gestão de Carreiras
na Era do Conhecimento

Abordagem Conceitual & Resultados de Pesquisa

2ª edição
revista e ampliada

Hélio Tadeu Martins

Gestão de Carreiras
na Era do Conhecimento

Abordagem Conceitual & Resultados de Pesquisa

2ª edição
revista e ampliada

Copyright© 2010 by Hélio Tadeu Martins

Todos os direitos desta edição reservados à Qualitymark Editora Ltda.
É proibida a duplicação ou reprodução deste volume, ou parte do mesmo, sob qualquer meio, sem autorização expressa da Editora.

Direção Editorial
SAIDUL RAHMAN MAHOMED
editor@qualitymark.com.br

Produção Editorial
EQUIPE QUALITYMARK

Capa
K2 Design
CARLOS EDUARDO

Editoração Eletrônica
MS EDITORAÇÃO

1ª Edição: 2001
1ª Reimpressão: 2004

2ª Edição: 2011

CIP-BRASIL. CATALOGAÇÃO-NA-FONTE
SINDICATO NACIONAL DOS EDITORES DE LIVROS, RJ

M343g
2.ed.

Martins, Hélio Tadeu
 Gestão da carreira na era do conhecimento : abordagem conceitual & resultados de pesquisa / Hélio Tadeu Martins. – 2. ed. – Rio de Janeiro : Qualitymark, 2010.
 228p.

 Anexos
 Inclui bibliografia
 ISBN 978-85-7303-952-8

 1. Profissões – Desenvolvimento. 2. Gestão do conhecimento. 3. Administração de pessoal. I. Título.

10-3665.
CDD: 650.14
CDU: 331.548

2011
IMPRESSO NO BRASIL

Qualitymark Editora Ltda.
Rua Teixeira Júnior, 441
São Cristóvão
20921-400 – Rio de Janeiro – RJ

Tel.: (0XX21) 3094-8400 ou 3295-9800
Fax: (0XX21) 3295-9824
www.qualitymark.com.br
E-mail: quality@qualitymark.com.br
QualityPhone: 0800-0263311

Para Patrícia e Paula

Agradecimentos

A meus pais, pelo investimento intelectual, emocional e ético.

À minha mulher Patrícia e à minha filha Paula, pelo tempo de convívio abdicado e por serem meu precioso referencial familiar.

À professora Valéria de Souza, pelo incentivo e apoio desde o início deste estudo.

À professora Ana Maria L. C. de Feijó, pela contribuição intelectual e por toda a disponibilidade para a análise e discussão do conteúdo.

À professora Deborah Moraes Zouain, pela atenção e apoio.

Ao professor Ricardo Spinelli, pela sua contribuição pessoal para a realização da pesquisa em nível nacional, extensivo aos coordenadores, professores e funcionários do FGV *Management* que viabilizaram esse processo.

Aos funcionários (antigos e atuais) da secretaria do mestrado da EBAPE/FGV, Joarez, Victor e José Paulo, sempre atenciosos e eficientes.

À professora Carmem Migueles, pela sua inestimável contribuição intelectual à abordagem da questão cultural.

À Jônia Maria Valesini, pelo incentivo e pelos *insights* proporcionados.

E a todos aqueles que contribuíram de alguma maneira para a concretização deste projeto, dentre os quais, Marta M. M. Rodrigues, Joelson T. Rodrigues, Maria Ruth G. Rio, Hermano Thiry-Cherques, Arline Davis, Andréa Lebre, Leonardo Barcellos, Katia S. Leal, Paulo Hamacher, Cláudio R. L. Mastella, Wisley Chao, Jorge C. A. Wei, Márcia R. L. da Silveira, Cristina Rio, Luiz Octavio de A. Costa e Dayse L. Dantas.

"A verdadeira revolução social é a mudança de uma vida amplamente organizada para nós... para um mundo no qual somos todos forçados a estar no comando de nosso próprio destino."

Charles Handy

"Pela primeira vez, literalmente pela primeira vez, um número substancial e crescente de pessoas tem a possibilidade de fazer escolhas. Pela primeira vez as pessoas terão de administrar a si próprias. E é preciso que se diga uma coisa: elas estão totalmente despreparadas para isso."

Peter Drucker

Prefácio

Não é nada fácil falar sobre carreiras em um mundo onde as transformações são cada vez mais dinâmicas. Hélio Tadeu Martins busca, neste trabalho, traçar as principais características de como indivíduos e organizações estão administrando carreiras na atualidade, diante das diversas mudanças verificadas nas relações de trabalho, no cenário socioeconômico e no posicionamento do profissional nessa realidade em transformação.

Acompanho a trajetória do desenvolvimento deste trabalho desde sua origem, e espero que o leitor aprecie, como eu apreciei, o uso que Hélio Tadeu Martins faz do "Proteu e o Cormorão" em sua contribuição metafórica à gestão de carreiras contemporâneas.

O autor utiliza uma sólida base teórica para sua pesquisa, analisando as grandes transformações ocorridas em diversos âmbitos: das relações de trabalho, da própria natureza do trabalho e da relação do homem com esse "novo trabalho" da Era do Conhecimento. Analisa, ainda, diversos modelos propostos para a gestão de carreiras de modo a construir seu próprio modelo teórico de análise da gestão de carreira na atualidade.

O livro avança nas questões práticas da pesquisa de campo, cujo universo engloba profissionais que cursaram pós-graduação *lato sensu* na Fundação Getulio Vargas, sendo sua amostra bastante representativa e com abrangência nacional. Os dados são exaustivamente apresentados e analisados, e suas conclusões, calcadas no modelo teórico proposto, têm um enfoque interdisciplinar e apresentam a interdependência entre trabalho e conhecimento.

Tenho certeza de que esta obra preencherá uma grande lacuna na literatura sobre a Gestão de Carreiras no Brasil, tanto para os indivíduos como para as organizações, contribuindo significativamente para a compreensão teórica e apreensão da realidade brasileira neste campo.

Valéria de Souza
Ex-Professora da EBAPE/Fundação Getulio Vargas
e Ex-Coordenadora do MBA em Gestão de Recursos Humanos

Apresentação

Ao se acercar desta obra, atraído por sua temática tão atual quanto premente, o leitor há de se indagar a respeito de seu autor. Poderá se perguntar se este terá escolhido o assunto pelo inevitável apelo que este desperta, ou pelo verdadeiro "amor à arte" do conhecimento, da formulação intelectual, da busca de soluções.

Embora os capítulos a seguir respondam claramente qual das hipóteses acima se confirma, creio que conhecer um pouco do autor ajudará o leitor a enveredar pelos caminhos por ele trilhados.

Em primeiro lugar, chama atenção na postura acadêmica de Hélio Tadeu Martins o rigor conceitual de uma argumentação que, ainda que lance mão de diversas fontes, é sempre articulada com clareza e objetividade para cumprir, recursivamente, três etapas: descrever, indagar, propor.

Em segundo lugar, e associado a este rigor, aquilo que o torna acessível: a erudição não empolada, a estética das imagens, o permanente e fino humor. Finalmente, no trato diário, um coração que transborda discreta e permanentemente doses de inquietação e cuidado, em relação a valores, a pessoas e a ideais. E no que se refere à obra propriamente dita? O livro estabelece vários "percursos de aproximação" de seu tema central. Dentre esses percursos, chamam a atenção do leitor o histórico, o psicológico, o organizacional e, mais que todos, o teórico-formal. No ponto de encontro desses percursos está aquilo que é crucial para o profissional dos dias atuais: a administração da carreira frente a mudanças tão diversas de valores e práticas no ambiente do trabalho.

Ao lançar os olhos sobre este profissional, no entanto, a pesquisa evita endossar uma aceitação, que se tornou corrente, da centralidade do trabalho para a realização humana. Em lugar disso, ao ponderar que o essencial da existência humana pode estar mais além, reforça seu caráter crítico e emancipatório. É esta característica que faz deste estudo algo bem maior do que um manual de carreira ou do que uma reflexão acadêmica.

Mauro Lopez Rego
Gerente de Estudos e Pesquisas
– Departamento Nacional do SESC

Sumário

Introdução: XVII

Parte I
A ERA DO CONHECIMENTO 1

Capítulo 1 – Trabalho e Conhecimento na História 3
Capítulo 2 – Características da Era do Conhecimento 7
Capítulo 3 – O Conhecimento nas Organizações 12
Capítulo 4 – Trabalho e Emprego na Era do Conhecimento 16

PARTE II
GESTÃO DE CARREIRAS: REFERENCIAIS TEÓRICOS 25

Capítulo 5 – Conceitos de Carreira 27
Capítulo 6 – Conceitos de Gestão de Carreira 32
Capítulo 7 – Pirâmide de Processamento de Informações de Carreira 34
Capítulo 8 – Modelo Greenhaus de Gestão de Carreira 42

PARTE III
GESTÃO DE CARREIRAS NA ERA DO CONHECIMENTO 47

Capítulo 9 – Fundamentos do Modelo EPIA de Gestão de Carreira 49
Capítulo 10 – Autoconhecimento 53

Capítulo 11 – Conhecimento do Ambiente de Carreira 62
Capítulo 12 – Escolhas de Carreira 64
Capítulo 13 – Planejamento e Implementação 75
Capítulo 14 – Avaliação de Carreira 83
Capítulo 15 – Desenvolvimento de Carreira 87
Capítulo 16 – O Papel das Organizações na Gestão de Carreiras 101

PARTE IV
GESTÃO DE CARREIRAS NO BRASIL: RESULTADOS DE PESQUISA 111
Capítulo 17 – Considerações sobre a Pesquisa 113
Capítulo 18 – Perfil do Profissional Pesquisado 116
Capítulo 19 – Percepções do Profissional Brasileiro sobre sua Carreira 124
Capítulo 20 – Autoconhecimento 127
Capítulo 21 – Conhecimento do Ambiente de Carreira 129
Capítulo 22 – Escolhas de Carreira 131
Capítulo 23 – Planejamento e Implementação 135
Capítulo 24 – Avaliação de Carreira 138
Capítulo 25 – Desenvolvimento de Carreira 140
Capítulo 26 – O Papel das Organizações na Gestão de Carreiras 146

CONCLUSÃO 151
CONSIDERAÇÕES PÓS-CONCLUSÃO 155
Capítulo Adicional 2ª Edição
   Dialogando com a Gestão de Carreiras 157

Anexo 1 – O Mito de Proteu e a Gestão de Carreira 179

Anexo 2 – Questionário da Pesquisa 180

Notas 189

Bibliografia 195

Introdução

Um título menos formal para o estudo aqui apresentado poderia ser: **Proteu e o Cormorão: metáforas para a gestão de carreiras na atualidade.** A divindade polimórfica e o falacrocoracídeo serão utilizados como arquétipos do profissional contemporâneo, possibilitando a criação de contrapontos conceituais ao longo da abordagem de gestão de carreira aqui proposta.

Analisar o tema trabalho, estreitamente vinculado ao conceito de carreira, é abordar um dos maiores desafios da existência humana. Da Revolução Industrial aos dias de hoje, essa atividade que demanda um significativo tempo e esforço individual tem apresentado mudanças qualitativas e quantitativas em proporções consideráveis. Na atualidade, esses desafios se caracterizam por mudanças que podem ser verificadas em três diferentes âmbitos:

- Nas relações de trabalho, configurando o aqui denominado "novo contrato".
- Na natureza do trabalho, considerando-se o impacto dos fatores conhecimento e tecnologia.
- Na relação do homem com esse "novo trabalho" regido pelo "novo contrato".

Essas mudanças resultam em novos desafios para indivíduos e organizações, com demandas e expectativas de ambas as partes que reclamam atendimento. E esse atendimento, por sua vez, também requer mudanças – individuais e organizacionais.

O estudo conceitual e a pesquisa aqui relatados têm como etapa final a caracterização da maneira pela qual indivíduos e organizações gerenciam carreiras no Brasil. Para tanto, são desenvolvidas algumas etapas intermediárias, a saber:

- Caracterização da Era do Conhecimento em sua estrutura socioeconômica: a Sociedade do Conhecimento.
- Conceituação de trabalho e carreira sob uma perspectiva histórica e contextualizada na Sociedade do Conhecimento.
- Conceituação de gestão de carreira.
- Apresentação de um modelo conceitual para a análise da gestão de carreiras na Sociedade do Conhecimento, em suas diversas etapas e aspectos.
- Utilização de um instrumento de pesquisa para caracterizar a gestão de carreiras no Brasil.

Com o conteúdo teórico e prático aqui apresentado, espera-se contribuir para o mencionado processo de mudança, tanto no âmbito individual quanto no organizacional. Essa contribuição não se dará pela via normativa ou prescritiva, mas pelo estímulo à reflexão sobre diversos aspectos do tema e pela disponibilização de uma série de informações sobre as suas características no Brasil.

Nesse conjunto descritivo de conceitos e informações encontram-se alguns relacionados a aspectos inconscientes ou implícitos e que, por isso mesmo, tendem a ser ignorados no processo de gestão de carreiras. Ao tornar "visível" todo o processo, é de se esperar um favorecimento à eficácia de sua gestão por todos os envolvidos – desde o indivíduo "detentor" da carreira, até os profissionais de Recursos Humanos, especialistas em carreira, profissionais em orientação vocacional, *coaches*, estudiosos desses temas e gestores de pessoas em geral.

Deve-se também ressaltar que não há qualquer pretensão de se questionar a validade ou adequação do atual arranjo socioeconômico, o que caberia a estudos de outras vertentes das Ciências Sociais. Parte-se de um recorte dessa realidade, caracterizado como a Sociedade do Conhecimento, para a descrição de um fenômeno específico que nele se desenvolve: a gestão de carreiras.

Com essas considerações preliminares, o leitor é convidado à jornada conceitual que se inicia pelos aspectos históricos do trabalho e do conhecimento. E para oportunamente se encontrar com Proteu e o cormorão em sua contribuição metafórica à gestão de carreiras contemporânea.

# PARTE I

A ERA DO CONHECIMENTO

Capítulo 1

Trabalho e Conhecimento na História

A análise da transição para o novo arranjo socioeconômico que substitui, gradativamente, o da sociedade industrial – não poderia prescindir de um olhar histórico sobre alguns conceitos e determinadas construções culturais. A contextualização temporal do binômio trabalho e ócio, bem como da utilização social do conhecimento, tende a enriquecer as reflexões sobre os aspectos críticos da contemporaneidade, como o fim do emprego, a relação do homem com sua carreira e o papel do conhecimento para os indivíduos, as organizações e a sociedade.

Uma análise do conceito de trabalho na tradição greco-romana e judaico-cristã pode se iniciar pela busca de sua origem etimológica. "Trabalho" provém do latim vulgar *tripalium,* um instrumento de tortura de três paus utilizado no império romano.[1]

No livro do *Gênese,* o trabalho é imposto como uma punição à desobediência humana: *"Ganharás o teu pão com o suor do teu rosto".*[2]

A antiguidade grega, egípcia e persa apresenta a forma mais extrema de trabalho adotada pela humanidade – a escravidão. Para os gregos livres, o trabalho dependente, que implicasse fadiga física ou execução de uma tarefa, era visto com desprezo e relegado a escravos ou a estrangeiros livres.[3]

Platão, no *Fedro*, classifica as profissões em nove níveis decrescentes de importância segundo critérios ético-práticos: o filósofo, o bom rei, o político, o desportista, o adivinho, o poeta, o agricultor e o artesão, o demagogo e o tirano.[4] Desde então, e até a Revolução Industrial, o trabalho tem sido culturalmente qualificado como atividade de menor valor, não sendo desempenhado pela aristocracia, pelos proprietários de terra e intelectuais.[5] O advento da indústria altera o trabalho de inúmeras formas, do ponto de vista socioeconômico, sem no entanto modificar o caráter punitivo a ele associado. As jornadas de até 15 horas diárias no início da Era Industrial, com atividades extenuantes e repetitivas, de certa maneira reforçaram essa percepção histórica.

Outro importante legado da revolução industrial para a percepção do trabalho foi o estabelecimento de limites mais nítidos entre espaço e tempo do trabalho e do não-trabalho. Henry Ford explicita essa separação ao afirmar:

"Quando trabalhamos, devemos trabalhar. Quando nos divertimos, devemos nos divertir. De nada serve procurar misturar as duas coisas. O único objetivo deve ser o de executar o trabalho e ser pago por tê-lo executado. Quando o trabalho termina, então pode vir a diversão, não antes". [6]

A administração científica, de Taylor, ao mesmo tempo em que impulsiona a produtividade industrial, com seu efeito multiplicador na geração de riquezas, afeta decisivamente o trabalho ao apresentar as vantagens da fragmentação das tarefas e da especialização do trabalhador. Uma recorrente metáfora do trabalho industrial é a sequência do filme *Tempos Modernos*, de Charles Chaplin, em que o operário executa uma mesma atividade repetidamente por toda a jornada.

Nos dias atuais, em que as condições de trabalho têm sido progressivamente "humanizadas" e o emprego se torna um disputado direito, toda a carga histórico-cultural até aqui sintetizada pareceria estar em processo de reversão. Mas essa aparência não reflete integralmente a realidade, como será visto adiante.

Retomando a análise histórica, agora na vertente do conhecimento, merece destaque a forma como esse era percebido na Grécia antiga. Aristóteles, no primeiro volume da *Metafísica* afirma que tudo o que poderia ter sido descoberto para tornar mais confortável a vida humana já o tinha sido, não cabendo ao homem outra preocupação senão a de se dedicar ao enobrecimento do espírito, afirmação essa também sustentada por Platão.[7]

O progresso observado nas artes, na literatura e na filosofia não encontra correspondentes no progresso científico e técnico. A própria mitologia grega, com os suplícios e castigos destinados aos que desafiavam os limites do conhecimento prático, como Sísifo, Prometeu e Ícaro, representaria o desencorajamento cultural a maiores voos nessa direção.[8]

Ainda que não sejam determinadas as causas dessa peculiaridade da evolução do conhecimento grego, o fato é que, da antiguidade ao final do feudalismo, as diferenças observáveis no progresso técnico são inexpressivas. Raymond Aron afirma que, *"para ir de Roma a Paris, Cesar gastava mais ou menos o mesmo tempo que Napoleão"* e ainda que *"a relação entre os homens que trabalhavam a terra e os que viviam nas cidades não tinha sofrido mudanças significativas entre a antiguidade e os séculos XVII e XVIII"*.[9]

A revolução industrial rompe a estagnação histórica da não-aplicação do conhecimento às questões práticas. A Inglaterra apresenta as pré-condições para esse momento, com a difusão do Iluminismo, a acumulação capitalista facultada pelo colonialismo, o desenvolvimento científico e as ideias de Francis Bacon. Para Bacon *"o saber teria que dar seus frutos na prática, (...) a ciência deveria ser aplicável à indústria (...) e os homens tinham o sagrado dever de se organizar para melhorar e para transformar as condições de vida"*.[10]

O conhecimento tecnológico, materializado nas máquinas e equipamentos industriais, impulsionou consideravelmente a produtividade do trabalho anteriormente artesanal. Cada vez menos trabalho humano era necessário para a produção dos mesmos bens, sendo a indústria têxtil seu exemplo mais expressivo. O século XIX se aproxima de seu término com nove entre dez trabalhadores realizando atividades manuais, na manufatura, na agricultura, na mineração e nos transportes.

Em 1881, Frederick Winslow Taylor, pela primeira vez, aplica sistematicamente o conhecimento ao trabalho, através de estudo, análise e engenharia.

A produtividade se multiplica de forma explosiva, aumentando cerca de cinquenta vezes nos países industrializados e sendo a responsável pela elevação do padrão e da qualidade de vida neles verificado.[11]

A trajetória da industrialização, legitimada filosoficamente por Bacon, se inicia pela materialização do seu ideal em máquinas e equipamentos, e se consolida com a aplicação do conhecimento ao trabalho, na revolução da produtividade de Taylor.

O próximo passo na aplicação do conhecimento leva à caracterização de um novo momento histórico e de uma nova realidade socioeconômica e organizacional.

Capítulo 2

Características da Era do Conhecimento

Se nos tempos de Taylor a maior parte do trabalho, qualitativa e quantitativamente, era manual, a realidade presente destaca a importância da produtividade do trabalhador não-manual. Para tanto, faz-se necessária a aplicação do conhecimento ao conhecimento. Segundo Drucker, esse é o recurso-chave, considerando-se que os tradicionais fatores de produção – recursos naturais, mão de obra e capital – podem ser obtidos facilmente, desde que haja conhecimento.[1]

A essa nova sociedade, ainda em seus primórdios, não faltam denominações. Para Drucker[2], seria a sociedade do conhecimento ou sociedade pós-capitalista; para De Masi[3], sociedade pós-industrial; para Castells[4], sociedade em rede e sociedade informacional. Analisaremos, em seguida, as abordagens desses autores, de forma a configurar teoricamente o cenário que emerge após a sociedade industrial.

Drucker considera que o passo seguinte à aplicação do conhecimento ao trabalho é *"fornecer conhecimento para descobrir como o conhecimen-*

to existente pode ser mais bem aplicado para produzir resultados"[5], sendo isso o que se entende por gerência. A essa mudança na dinâmica do conhecimento ele denomina "Revolução Gerencial", que em menos de 50 anos (1945-1990) dominou o mundo. Segundo Drucker, *"a gerência é uma função genérica de todas as organizações, qualquer que seja a missão específica das mesmas. Ela é o órgão genérico da sociedade do conhecimento".*[6] O gerente seria o responsável pela aplicação e pelo desempenho do conhecimento. O que qualifica a atual sociedade como "pós-capitalista" é o fato de que o conhecimento deixou de ser um recurso para ser o recurso.

As organizações humanas, entendidas como grupos de especialistas que trabalham em uma tarefa comum, teriam como objetivo tornar produtivos os conhecimentos, sendo a especialização a forma pela qual asseguram a eficácia da ação do trabalhador do conhecimento.[7]

Na sociedade pré-industrial, tudo o que um artesão precisava saber era adquirido no aprendizado do seu oficio, durante cinco ou seis anos, estando pronto aos 17 ou 18 anos para o exercício vitalício de sua atividade. Na sociedade pós-capitalista, os trabalhadores do conhecimento que não se atualizam a cada quatro ou cinco anos se tornam obsoletos.[8]

A sociedade pós-capitalista, além de ser uma sociedade de organizações, também se caracteriza como uma sociedade de empregados. Categorizadas como empregados estão todas as pessoas que exercem atividade remunerada dependente de uma organização, englobando dos não-qualificados aos trabalhadores do conhecimento. O trabalhador (empregado) do conhecimento possui os meios de produção – seu conhecimento – mas depende das ferramentas de produção que pertencem à organização. Estabelece-se então uma interdependência característica da sociedade pós-capitalista.[9]

De Masi denomina a nova sociedade como "pós-industrial" por entender como ainda indefinidos os seus contornos.[10] O termo expressaria tão-somente o que ela não é, sem arriscar a proeminência de um fator em especial. A nova sociedade se caracterizaria pela passagem da produção de bens, típica da fase industrial, para a produção de serviços. Ao lado do setor terciário tradicional, De Masi acrescenta o quaternário (sindicatos, bancos, seguradoras) e o quintenário (serviços de saúde, educação, pesquisa científica, lazer, administração pública). Citando Daniel Bell, afirma que *"o conhecimento e a 'nova tecnologia intelectual' assumem um papel central na sociedade, en-*

quanto no plano social emerge (...) a necessidade de ultrapassar, mediante a meritocracia, o tipo de estrutura tradicional das democracias ocidentais".[11]

A ciência organizacional foi a ciência do século XX que mais contribuiu para o progresso humano, na perspectiva de De Masi.[12] Seu desenvolvimento teria possibilitado o fortalecimento de cada atividade, cognitiva e operacional, em um nível sem precedentes na História, dentro e fora do âmbito do trabalho. As novas tecnologias, sozinhas, não teriam sido capazes de gerar tal incremento de bem-estar, sem a atuação de organizadores que as introduzissem nos sistemas produtivos, nas burocracias e nos serviços, preparando pessoas, procedimentos e instalações para sua aplicação eficiente. Essa opinião reforça tese semelhante de Drucker.

A sociedade pós-industrial poderia, adicionalmente, ser caracterizada pelos novos valores que emergem, em muitos casos, como contraponto aos do período anterior, conforme enumerados a seguir:[13]

Sociedade Industrial

- Racionalidade.
- Machismo.
- Capacidade de execução.
- Padronização.
- Especialização.
- Eficiência.
- Produtividade.
- Concentração temporal e espacial do trabalho.
- Sincronização.
- Hierarquização.
- Gigantismo para economia de escala.
- Concorrência.

Sociedade Pós-industrial

- Intelectualização da atividade humana (inteligência, criatividade e preparação cultural aplicadas).
- Confiança.

- Ética.
- Estética.
- Subjetividade (em oposição ao anonimato coletivo e à massificação).
- Emoção.
- Virtualidade (relações com pessoas e objetos dissociadas da presença física).
- Globalização (familiaridade com o mundo, como vizinhança).
- Desestruturação do trabalho e do lazer (flexibilização dos limites de tempo e espaço).
- Qualidade de vida.

De Masi observa aspectos peculiares dessa transição ao analisar o papel do iluminismo, como substrato filosófico da sociedade industrial, que se opunha ao excesso de emoção, ao irracionalismo e à superstição. Três valores alçados à condição de desejáveis na sociedade do conhecimento – subjetividade, emoção e estética – quando considerados inferiores, eram relegados ao âmbito doméstico, ao universo feminino. A nova sociedade se caracterizaria então pela síntese de valores "masculinos" e "femininos", necessários, por exemplo, à criatividade, que seria um produto da composição da esfera racional com a emotiva do ser humano.

Castells aborda de maneira diversa o atual momento histórico. Prefere o termo "informacionalismo" ao "pós-industrialismo", por entender que, muito mais que o incremento da atividade terciária, o que caracteriza a economia atual é o emprego do conhecimento e da tecnologia da informação às atividades de qualquer tipo, sejam elas agropecuárias, industriais ou de serviços. Para ele, o próprio conceito de serviços é, em muitos casos, ambíguo ou errôneo. Cita o fato de que, nos EUA, 24% do PNB se referem diretamente às indústrias, sendo que outros 25% se originam de serviços diretamente ligados a elas. Com isso, alguns autores afirmam que o pós-industrialismo é um mito, estando a economia diante apenas de uma nova modalidade industrial.[14]

De acordo com a versão usual para o processo de transição histórica, haveria uma alteração da agricultura para a indústria e dessa para os serviços, sendo essa a estrutura explicativa para a transformação em curso. Castells aponta três falhas fundamentais nessa abordagem:[15]

1. Supõe a homogeneidade nas transições entre as atividades primárias e secundárias e entre essas e as terciárias, bem como desconsidera a imprecisão da classificação das atividades rotuladas como de serviços.

2. Não atenta ao caráter revolucionário da tecnologia da informação que, ao permitir conexão direta e em tempo real entre diferentes tipos de atividade no mesmo processo de produção, administração e distribuição, estabelece uma conexão entre os domínios de trabalho e emprego anteriormente separados de forma artificial.

3. Desconsidera a diversidade cultural, histórica e institucional das sociedades, bem como sua interdependência na economia globalizada. A transição para a economia informacional ocorre de maneira peculiar para cada país, resultando em estruturas ocupacionais diversas.

A questão trabalho & emprego nesse cenário será retomada e aprofundada no Capítulo 4. Por ora, ficam os contornos desse recorte do momento histórico atual, aqui denominado Era do Conhecimento, e sua correspondente estrutura socioeconômica, a Sociedade do Conhecimento. O próximo passo é investigar como essa nova configuração se reproduz no ambiente intraorganizacional e interorganizacional.

Capítulo 3

O Conhecimento nas Organizações

A importância do conhecimento para a economia globalizada e competitiva já não se constitui em novidade no mundo corporativo. Mas a constatação desse fato nem sempre se traduz em transformação para a maioria das organizações. Para Nonaka e Takeuchi, o sucesso das empresas japonesas não é resultante de sua capacidade de fabricação, de seu acesso a capital de baixo custo, de suas parcerias com clientes, fornecedores e órgãos governamentais, da estabilidade no emprego, dos critérios de senioridade ou das práticas de gestão de pessoas, apesar da importância de todos esses elementos. Para os autores, o sucesso se deve à "criação do conhecimento organizacional", entendido como a *"capacidade de uma empresa criar novo conhecimento, difundi-lo na organização como um todo e incorporá-lo a produtos, serviços e sistemas"*. Essas empresas são peritas em promover inovação contínua, de forma incremental e em espiral.[1]

Stewart aborda a questão do conhecimento com o conceito de "capital intelectual", entendido como o conhecimento organizacional que pode ser utilizado para a criação de vantagem competitiva. O capital intelectual é composto por três elementos, a saber:

- **Capital Humano** – O conhecimento adquirido e mantido individualmente pelos empregados, não sendo de propriedade da organização. Nesta categoria estão as qualificações e habilidades individuais.

- **Capital Estrutural** – É o *"conhecimento que não vai para casa depois do expediente"*, sendo de propriedade da organização e passível de ser reproduzido e distribuído. São exemplos dessa categoria elementos sujeitos à proteção legal por direito de propriedade, como tecnologias, invenções e publicações, e elementos não necessariamente codificados ou patenteados, como a estratégia, cultura, estruturas, sistemas, rotinas, procedimentos etc.[2]

- **Capital do Cliente** – É representado pelos relacionamentos contínuos com pessoas e organizações com as quais se realizam negócios ou de outra forma, a probabilidade de continuação desses negócios.[3]

Davenport e Prusak afirmam que o conhecimento pode ser a maior vantagem competitiva da empresa, sendo também uma vantagem sustentável, por gerar retornos crescentes e liderança empresarial contínua. Apontam ainda uma propriedade dos ativos do conhecimento: diferentemente dos ativos materiais, aumentam com o uso.[4] Mas a gestão desse ativo seria semelhante a um *"oceano recém-descoberto, que ainda não consta do mapa, e poucos executivos entendem suas dimensões e sabem como navegá-lo"* .[5]

A gestão do conhecimento pode ser analisada em três etapas fundamentais: geração, codificação e transferência.[6] A geração pode ser externa, pela aquisição de organizações ou indivíduos que possuam o conhecimento desejado, bem como pelo financiamento à pesquisa em universidades ou institutos; e interna, pela criação própria do conhecimento necessário à organização. Um dado a ressaltar nesse processo de gestão é que o conhecimento explícito representa apenas uma pequena parcela do conhecimento organizacional.

A codificação do conhecimento visa torná-lo acessível a todos que dele necessitam. Uma grande dificuldade nesse método é a captação do conhecimento tácito, por ser esse complexo, desenvolvido e internalizado pelo seu detentor ao longo do tempo, e de quase impossível reprodução em documento ou banco de dados.[7]

A transferência do conhecimento pode ser entendida como sua transmissão com absorção e uso. Esse processo é significativamente afetado pela cultura organizacional, sendo necessária uma análise cultural para a detecção de possíveis inibidores à transferência.[8]

A gestão do conhecimento pode ser, então, resumida nos seguintes princípios:

- *"O conhecimento tem origem e reside na cabeça das pessoas.*
- *O compartilhamento do conhecimento exige confiança.*
- *A tecnologia possibilita novos comportamentos ligados ao conhecimento.*
- *O compartilhamento do conhecimento deve ser estimulado e recompensado.*
- *Suporte da direção e recursos são fatores essenciais.*
- *Iniciativas ligadas ao conhecimento devem começar com um programa piloto.*
- *Aferições quantitativas e qualitativas são necessárias para se avaliar a iniciativa.*
- *O conhecimento é criativo e deve ser estimulado a se desenvolver de formas inesperadas".*[9]

Numa perspectiva funcional do conhecimento nas organizações, Meister apresenta o conceito de universidades corporativas, considerando-as uma forma mais eficaz de promover a aprendizagem organizacional que a abordagem tradicional de treinamento.[10] O Quadro 1.1 confronta as duas abordagens em seus variados aspectos.

As organizações estariam sendo convidadas a "aprender" um novo formato de aprendizagem organizacional – a Universidade Corporativa (UC) – que introduz novidades inclusive no âmbito contábil-financeiro. Nesse formato, deixaria de existir a atividade de treinamento como centro de custos e surgiria a UC como unidade de negócio (centro de lucros) e serviço compartilhado.[11]

No novo cenário das relações de trabalho e da competição global, um modelo de aprendizagem atualizado, que enfoque pró-ativamente a mudança e o aperfeiçoamento contínuo de sistemas e processos, passa a ser uma questão de sobrevivência para as organizações.[12]

Quadro 1.1 – Comparação dos modelos de aprendizagem organizacional

Antigo modelo de treinamento		Modelo da aprendizagem no século XXI
Prédio	**Local**	Aprendizagem sempre disponível sempre que solicitada – em qualquer lugar, a qualquer hora
Atualizar qualificações técnicas	**Conteúdo**	Desenvolver competências básicas do ambiente de negócios
Aprender ouvindo	**Metodologia**	Aprender agindo
Funcionários internos	**Público-alvo**	Equipe de funcionários, clientes e fornecedores de produto
Professores/consultores de universidades externas	**Corpo docente**	Gerentes seniores internos e um consórcio de professores universitários e consultores
Evento único	**Frequência**	Processo contínuo de aprendizagem
Desenvolver o estoque de qualificações do indivíduo	**Meta**	Solucionar problemas empresariais reais e melhorar o desempenho no trabalho

FONTE: Meister (1999:22)

Capítulo 4

Trabalho e Emprego na Era do Conhecimento

Observando a evolução do emprego nos países do G-7*, Castells destaca os seguintes aspectos característicos das sociedades informacionais:
- *"eliminação gradual do emprego rural;*
- *declínio estável do emprego industrial tradicional;*
- *aumento dos serviços relacionados à produção e dos serviços sociais (...);*
- *crescente diversificação das atividades do setor de serviços como fontes de emprego;*
- *rápida elevação do emprego para administradores, profissionais especializados e técnicos;*
- *formação de um proletariado 'de escritório', composto de funcionários administrativos e de vendas;*

---

* *EUA, Japão, Alemanha, Reino Unido, França, Itália e Canadá.*

- *relativa estabilidade de uma parcela substancial do emprego no comércio varejista;*

- *crescimento simultâneo dos níveis superior e inferior da estrutura ocupacional;*

- *valorização relativa da estrutura ocupacional ao longo do tempo, com uma crescente participação das profissões que requerem qualificações mais especializadas e nível avançado de instrução em proporção maior que o aumento das categorias inferiores".*[1]

As peculiaridades nas transições ocupacionais verificadas em diferentes países do G-7 sugerem a hipótese de dois modelos informacionais:[2]

(1) Modelo de Economia de Serviços – Característico dos EUA, Reino Unido e Canadá, onde ocorre uma rápida redução do emprego industrial a partir da década de 70, com correspondente aceleração do informacionalismo. Nesse modelo, desenvolve-se uma estrutura inteiramente nova no mercado de trabalho, em que a diferenciação entre as diversas atividades de serviço torna-se o elemento-chave para a análise da estrutura social. Outras características merecem ser observadas nesse modelo:

- Maior destaque aos serviços relacionados à administração do capital em comparação com aqueles associados à produção.

- Expansão no setor de serviços sociais, com expressiva geração de empregos na área de assistência médica e, em menor grau, na atividade educacional.

- Incremento na categoria de administradores, incluindo um número considerável de gerentes de nível médio.

(2) Modelo de Produção Industrial – Característico do Japão e, em proporção considerável, da Alemanha. Nesse modelo, o decréscimo da participação da atividade industrial ocorre de forma mais gradativa, preservando ainda um nível relativamente alto dessa modalidade (em torno de 25% da força de trabalho). Paralelamente à redução do emprego industrial, ocorre o crescimento dos serviços relacionados à produção, que são muito mais relevantes que os serviços financeiros e parecem estar estreitamente relacionados à indústria. Ainda que a atividade financeira nesses países seja expressiva, a maior parte do crescimento se

concentra em serviços para empresas e serviços sociais, esse último em menor grau no Japão.

A França estaria em posição intermediária nessa classificação, com tendência ao modelo de serviços e preservação de forte base industrial e ênfase tanto em serviços relacionados à produção quanto serviços sociais. A Itália apresenta peculiaridades que poderiam caracterizar um terceiro modelo. Um quarto de sua força de trabalho é autônoma e sua estrutura de organizações, caracteristicamente formada por redes de pequenas e médias empresas flexíveis, para atendimento às condições variáveis da economia global.

Castells refuta a tese de que os países desenvolvidos se especializariam como economias de serviços, transferindo ao terceiro mundo as atividades primárias e secundárias. Aponta, na realidade, para uma divisão internacional do trabalho dentro de uma estrutura global interdependente de produção, administração e distribuição, entre diferentes tipos de sociedades informacionais, havendo assim impactos diferenciados sobre o mercado de trabalho de cada país.[3]

A própria sobrevivência do emprego, como hoje o conhecemos, é posta em dúvida por De Masi[4], ao analisar o impacto do pós-industrialismo no mercado de trabalho. Até o surgimento da indústria, as pessoas trabalhavam em suas próprias casas ou próximo a elas. A medição do tempo, para a maioria das pessoas, era feita pelo sol – quando feita. Nos EUA, os relógios de uma cidade não marcavam, necessariamente, a mesma hora que em vilarejos vizinhos, sendo que apenas no século XIX as horas foram padronizadas, por insistência das ferrovias e suas necessidades de programação dos trens.[5] A segregação de tempo e espaço para o trabalho é uma invenção da era industrial, que também separou, segundo De Masi, os *"locais de produção"* dos *"locais de reprodução"*.[6]

Nesse momento histórico, surge o emprego como uma nova modalidade de relacionamento do homem com o trabalho, um "artefato social" que viria a estruturar de uma forma inteiramente diversa a vida humana. Em seus primórdios, o emprego é encarado como antinatural e desumano, potencialmente destruidor da cultura e das relações interpessoais. Pensava-se, ademais, que poucos seriam capazes de se adequar a tal novidade. Bridges afirma que esse mesmo comportamento coletivo, de rejeição e resistência a mudanças na organização social, pode ser percebido na atualidade com relação ao fim do emprego em sua forma tradicional.[7]

Bridges aponta a tendência crescente ao trabalho temporário e contingente, observável nas organizações americanas, como a forma de se adequarem às rápidas mudanças que o cenário econômico e tecnológico requer. O trabalhador contingente está submetido a novas regras, que demandam características individuais provavelmente pouco comuns para a maioria, criando uma situação potencialmente geradora de ansiedade e desconforto. Dentre essas características, podem ser enumeradas:

- **Empregabilidade** – Em vez de buscar um vínculo estável com um empregador, esse trabalhador é induzido a desenvolver sua condição de empregável, ou seja, tornar-se cobiçado no mercado de trabalho, ampliando suas chances de recolocação quando necessário.

- **Mentalidade de fornecedor** – O trabalhador passa a se perceber como uma unidade econômica autônoma, capaz de oferecer seus serviços e administrar sua carreira como se fosse uma microempresa.

A transição pós-industrial apresenta ainda, em seu conjunto de transformações socioeconômicas, a desestruturação temporal e espacial do trabalho como hoje se conhece. Para uma parcela crescente de empregados, a separação entre trabalho e não-trabalho começa a perder a nitidez. O teletrabalho, desejado ou não, já é realidade para muitos executivos e trabalhadores do conhecimento, que o realizam via celular, *e-mail* e outras modalidades, fora do local e horário tradicionalmente determinados.[8]

Mas ao lado de uma pequena casta de trabalhadores que "desfrutam" de uma longa jornada assalariada, com horas extras e teletrabalho não remunerados, expande-se o número de desempregados tecnológicos. O que deveria ser a libertação do trabalho para todos, reverte-se na sobrecarga de poucos e na degradação socioeconômica de uma parcela crescente.

Para De Masi, a contribuição de Taylor à sociedade industrial decorreria, entre outras razões, do fato de ele considerar o trabalho um mal a ser tecnicamente eliminado.[9] Keynes[10], numa conferência em 1930, na Espanha, afirmou que o desemprego tecnológico seria uma etapa transitória rumo à libertação do trabalho. Considerou que a distribuição do que restasse de ocupação profissional entre os trabalhadores, em jornadas de três horas diárias, poderia aplacar o "velho Adão" que ainda habita em cada trabalhador. Em sua utopia, após as necessárias mudanças culturais na relação do homem com o trabalho e o tempo livre, estaríamos aptos a *"viver esteticamente em virtude e sabedoria, livre do tormento do trabalho e do lucro",* também afirmando que deveríamos substituir a "perícia no trabalho" pela "perícia na vida".[11] Hannah Arendt expressa a mesma preocupação com o valor cultural atribuído ao trabalho, ao perguntar: *"O que vai acontecer quando, à sociedade do trabalho, quando o próprio trabalho vir (sic) a faltar?"*[12]

Frankl apresenta uma resposta concreta a essa questão quando analisa pesquisas psicológicas realizadas com mineiros desempregados.[13] Foram constatados nesses indivíduos sinais de decadência interior similares aos observáveis em prisioneiros de campos de concentração, característicos da denominada existência provisória: uma deformação na percepção do tempo com reflexos desestruturadores no comportamento individual. Esses indivíduos estariam, ainda, submetidos à equação ideológica entre sentido e utilidade. Para o desempregado, estar sem trabalho significaria ser inútil e, por consequência, não ter sentido a sua vida.[14] A dignidade do homem – assevera Frankl – não pode ser confundida com a sua utilidade.[15]

A língua portuguesa deixa clara essa valorização cultural do trabalho, associada à ideia de utilidade, quando qualifica os dias de trabalho como "dias úteis". Pode-se deduzir, dessa forma, a pressuposição implícita de inutilidade atribuída aos dias de descanso ou ócio criativo.

Bridges[16] analisa o papel psicológico do emprego, normalmente subestimado quando comparado aos seus aspectos econômicos. O emprego seria o estruturador do tempo, fonte de significado e identidade social, além de proporcionar a rede central de relações para a maioria das pessoas. Essa seria uma razão adicional para se explicar por que o desemprego pode ser tão devastador psicologicamente.

O papel contemporâneo do trabalho na vida humana apresenta aspectos paradoxais que podem ser evidenciados ao se empreender uma análise histórica, como a proposta neste estudo. Ele estrutura o tempo, enquanto o consome cada vez mais intensamente. Provê a rede central de relações, da mesma forma que retira o indivíduo do convívio de seus familiares e de outros círculos sociais. Dá significado e um papel a desempenhar, enquanto reduz a dignidade humana à sua utilidade nas engrenagens econômicas. É um direito disputado por muitos, ao mesmo tempo em que um dever indesejado por outros tantos.

Ciulla analisa criticamente o trabalho moderno, evidenciando alguns pressupostos culturais e comportamentos nem sempre "visíveis". A autora faz um contraponto à equação "tempo = dinheiro", preferindo em seu lugar, "tempo = vida", considerando o trabalho como a venda do tempo e da liberdade de usá-lo. Enfocando comportamentos bastante atuais, afirma que

> "o consumismo retomou de onde a ética do trabalho parou (...). As organizações não mais precisam contar com o compromisso moral das pessoas com o trabalho. Os shopping centers, as dívidas e a indústria da propaganda transformam todos, mesmo adolescentes emocionalmente instáveis, em obedientes trabalhadores e clientes".[17]

Essa observação caracteriza o papel instrumental do trabalho para esses indivíduos como simples meio de acesso ao consumo, desprovido de sentido próprio e de integração à vida pessoal.

Paradoxalmente, a se julgar pela produção literária sobre o tema, haveria uma tendência crescente à busca de autorrealização através do trabalho, na procura por uma ocupação em que seja possível contribuir para alguma causa maior ou à qual se possa atribuir um significado.

Essa tendência coexiste, no entanto, com o que Frankl denomina "vazio existencial". Uma das exteriorizações dessa característica seria a "neurose dominical", que se apresenta para as pessoas como a angústia ao dar-se conta da *"falta de conteúdo de suas vidas quando passa o corre-corre da semana atarefada e o vazio dentro delas se torna manifesto".*[18]

A versão brasileira da neurose dominical, numa abordagem de senso comum, seria o "tédio das tardes de domingo" acompanhado da "depressão pós-Fantástico". A perspectiva de reinício da semana de trabalho, para os acometidos por essa síndrome, provavelmente associa a frustração pelo ócio não usufruído com a insatisfação pela retomada de ocupações sem significado. Pesquisa do *USA Today*[19] afirma que mais pessoas se suicidam no início das manhãs de segunda-feira do que em qualquer outro dia e horário da semana. Esses indícios parecem sugerir que a relação do homem com a sua vida profissional ainda se encontra distante do desejável, de certa maneira reafirmando, para muitos, o caráter punitivo historicamente associado ao trabalho.

Desenvolvendo conceitualmente os temas trabalho e ócio e suas implicações na sociedade pós-industrial, De Masi aponta o sadomasoquismo laborioso que acomete o homem atual, impedindo-o de desfrutar o "ócio criativo", e conclui uma de suas obras citando John Adams, que em 1786 previa:

"Devo estudar a política e a guerra, de modo que os meus filhos tenham a possibilidade de estudar matemática, filosofia, navegação, comércio e agricultura, para poder assegurar aos seus filhos a possibilidade de estudar pintura, poesia, música e [...] a cerâmica".[20]

Ainda que considerando o fato de se estar em uma fase de transição pós-industrial, ou, de outra forma, construindo as bases da sociedade do conhecimento, alguns aspectos relacionados ao trabalho típico desse momento histórico já podem ser evidenciados. As considerações teóricas descritas até esse ponto permitem que sejam enumeradas algumas habilidades e atitudes compatíveis com esse cenário:

- *Especialização* – Como discutido antes, o trabalhador do conhecimento é, necessariamente, um especialista, por ser essa a forma mais eficaz de contribuição.[21]

- *Percepção da diversidade cultural e de conhecimentos* – Em que pese a exigência da especialização, são indispensáveis a capacidade de compreensão e a análise das diversas culturas e tradições em um mundo globalizado, além da capacidade de interação com outros conhecimentos especializados. A ausência dessas habilidades e atitudes poderia gerar uma improdutiva arrogância cultural e científica.[22] Uma perspectiva interdisciplinar, como preconizada por Japiassu[23], evitaria o confronto de "feudos epistemológicos" de especialistas compartimentados em seus saberes. Os problemas atuais são de tal complexidade que as disciplinas, isoladamente, não conseguem solucioná-los. A abordagem interdisciplinar, ao integrar saberes especializados, possibilita aos especialistas uma visão global dos problemas, habilitando-os a uma ação mais eficaz.

- *Trabalho em equipes* – Além das habilidades e atitudes enumeradas nos itens anteriores, é necessário que o trabalho do conhecimento seja realizado em equipes, no plural. Drucker afirma que são três os tipos de equipe para o trabalho humano:[24] o primeiro seria aquele em que todos participam, mas não atuam em equipe, como por exemplo um anestesista, um cirurgião e uma enfermeira atuando juntos em uma cirurgia, sem contudo auxiliar um ao outro em suas atribuições. O segundo seria o modelo do futebol, no qual existem posições específicas, mas ocorre a atuação em conjunto, interdependente. O terceiro e último tipo seria o de duplas de tênis, em que cada participante tem uma posição preferencial, mas não fixa, e atua ajustando forças e fraquezas para a eficácia do conjunto. Em qualquer contexto, no entanto, a atitude colaboradora e a habilidade de se comunicar eficazmente são competências essenciais ao trabalho em equipe.[25]

- *Gerenciamento por resultados* – Sendo especialistas em suas áreas, os trabalhadores do conhecimento não poderiam ser gerenciados à maneira tradicional, em que o chefe tem capacidade de avaliar a eficiência do seu subordinado. O trabalho do conhecimento se assemelha ao do profissional liberal, do qual não se avaliam as tarefas, mas sim os resultados. Um exemplo seria o de um advogado, que não é avaliado pela quantidade de palavras utilizadas em seus argumentos, e sim pela eficácia desses.[26] Esse modelo pressupõe novas habilidades gerenciais, bem como a atribuição de responsabilidade e autonomia ao trabalhador.

- *Aprendizagem continuada* – O diploma universitário é um produto perecível: sem atualização continuada, a carreira pode se deteriorar em poucos anos.[27] Além de especialista, o trabalhador do conhecimento deve ser um aprendiz, possuidor de uma atitude de busca permanente de atualização em sua especialidade, porém com perspectiva sistêmica e interdisciplinar.

- *Busca de trabalho com significado* – Não se esperava que um trabalhador típico da Era Industrial admitisse gostar de sua atividade, nem se discutia se seu trabalho teria significado. Atualmente, cada vez mais pessoas têm a expectativa, e mesmo a exigência, de significado em suas funções, sendo essa uma tendência crescente na Era do Conhecimento.[28] Essa condição remete ao autogerenciamento de carreira, a ser analisado adiante, e ao papel do líder na criação de significado e objetivo nos trabalhos da organização.

- *Raciocínio criativo e resolução de problemas* – Espera-se do trabalhador, em qualquer função, habilidade para análise de resultados do processo e proposição de ações inovadoras. Essa expectativa difere radicalmente da verificada na Era Industrial, em que se esperava da "mão de obra" apenas a execução de tarefas, enquanto aos gerentes cabia todo o trabalho decisório.

- *Desenvolvimento de liderança* – No novo ambiente de negócios, é necessária uma liderança inspiradora, que crie uma visão compartilhada na organização e encoraje os funcionários a se tornarem agentes ativos de mudança.[29] O novo líder deve possuir uma visão sistêmica, em lugar da perspectiva individualista tradicional do líder-herói.[30]

- *Autogerenciamento da carreira* – Na nova perspectiva de aprendizagem organizacional, da qual surgem as universidades corporativas, o empregado é responsável pelo seu desenvolvimento e pela gestão de sua carreira. No acordo tácito de empregabilidade *versus* produtividade, cabe à organização disponibilizar os meios para o desenvolvimento e a gestão de carreira, e ao empregado definir aqueles necessários às finalidades do seu trabalho e da sua trajetória profissional. Meister afirma que *"a capacidade de gerenciar a própria vida profissional é agora considerada uma competência adquirida e necessária para todas as outras competências exigidas no ambiente de negócios"*.[31]

As competências aqui descritas não esgotam o conjunto de exigências que hoje recaem sobre gestores e trabalhadores do conhecimento. Apesar de não exaustiva, essa lista assinala aspectos crescentemente demandados na sociedade do conhecimento e que com certeza constituem um desafio para todos os envolvidos. A competitividade pós-industrial não se restringe às corporações, atingindo com semelhante vigor o mercado de competências individuais dos trabalhadores do conhecimento.

Nos próximos capítulos serão analisadas as formas pelas quais o indivíduo administra essas influências do ambiente ocupacional, no processo de gestão de carreira, considerando seus referenciais próprios e suas prioridades de vida.

PARTE II

GESTÃO DE CARREIRAS: REFERENCIAIS TEÓRICOS

Capítulo 5

Conceitos de Carreira

Da mesma forma que o emprego, tal como o conhecemos hoje, é um "artefato social"[1] resultante do industrialismo, a noção de carreira e caracteriza como um "artefato" ainda mais recente do ponto de vista histórico. O que se verificava, até então, para a maior parte da sociedade, era a simples transferência de ocupações de pais para filhos, ficando restrito às classes mais abastadas o ingresso em uma profissão.[2]

Etimologicamente, a palavra carreira se origina do latim *via carraria,* estrada para carros. Somente a partir do século XIX passou-se a utilizar o termo para definir a trajetória da vida profissional. Até recentemente, o conceito de carreira se circunscreveu a essa analogia, como uma propriedade estrutural das organizações ou das ocupações.[3] O indivíduo adentraria uma dessas carreiras (= estradas) pré-existentes, sabendo, de antemão, o que esperar do percurso.

Nessa abordagem tradicional, destacam-se três pontos que limitam o conceito de carreira. O primeiro é a noção de avanço, com a expectativa de progressão vertical na hierarquia de uma organização, acompanhada de sinais de crescente *status* e ganhos financeiros.

O segundo é a associação da carreira à profissão. Um médico, um militar ou um sacerdote teriam carreiras, enquanto que um funcionário de escritório ou um operário de indústria não as teriam, segundo essa concepção.

O terceiro é a pressuposição de uma estabilidade ocupacional, em que o indivíduo sempre exerceria atividades relacionadas à sua profissão até a aposentadoria. Assim sendo, tal conceito não incluiria, por exemplo, a trajetória de um engenheiro assalariado que fosse, concomitantemente, professor de inglês e microempresário comercial.

Conceito de carreira proteana

Greenhaus propõe um conceito de carreira sem as limitações da abordagem tradicional, sendo portanto mais adequado às características observáveis na atualidade: carreira é *"um padrão de experiências relacionadas ao trabalho que abrange o curso da vida de uma pessoa"*.[4]

Hall entende a carreira como uma série de experiências e de aprendizados pessoais, relacionados ao trabalho ao longo da vida. Observa ainda que, no passado, os estudos de carreira enfocavam cargos e ocupações do indivíduo, enquanto que na atualidade se dirigem às suas percepções e autoconstruções dos fenômenos de carreira.[5] Em outras palavras, e utilizando a terminologia de Schein[6], o estudo da carreira interna está sucedendo ao da carreira externa.

O conceito de carreira proteana é, então, apresentado por Hall como um contraponto à carreira organizacional estruturada no tempo e no espaço. O termo é derivado do deus Proteu que, na mitologia grega, possuía a habilidade de mudar de forma ao comando de sua vontade.[7] Nessa definição, a carreira proteana é

> *"um processo que a pessoa, não a organização, está gerenciando. Consiste de todas as variadas experiências da pessoa em educação, treinamento, trabalho em várias organizações, mudanças no campo ocupacional etc. A carreira proteana não é o que acontece a uma pessoa em qualquer organização. As próprias escolhas pessoais de carreira e busca por autorrealização da pessoa proteana são os elementos integrativos e unificadores em sua vida. O critério de sucesso é interno (sucesso psicológico), não externo. Em resumo, a carreira proteana é desenhada mais pelo indivíduo*

que pela organização, e pode ser redirecionada de tempos em tempos para atender às necessidades da pessoa".[8]

Carreira & Vida

O conceito proteano abrange toda experiência idiossincrática de carreira, sendo essa consequentemente singular e única para cada indivíduo. Ademais, essa abordagem apresenta um caráter sistêmico, integrando todas as dimensões e papéis desse indivíduo à medida que estabelece como objetivo final o sucesso psicológico, ou seja, o sucesso baseado em critérios pessoais. Essa definição ampliada do espaço de carreira possibilita que se considere também como sucesso psicológico a opção por um afastamento temporário do trabalho para acompanhar o crescimento dos filhos, ou por outras necessidades familiares ou pessoais.

O profissional proteano consegue se ajustar às demandas do ambiente de carreiras, com flexibilidade e investimento em suas habilidades, qualificações e competências, mas sempre tendo consciência dos seus objetivos individuais. Não perde seu foco em busca de conquistas ditadas pelas convenções sociais, sabendo definir os atributos do sucesso que espera alcançar, coerentes com seus valores, interesses e aptidões. É capaz, ainda, de priorizar suas ações de carreira analisando-as de maneira sistêmica em sua vida pessoal. Esse indivíduo quase super-humano será o protagonista conceitual deste estudo – um personagem teórico com o qual alguns profissionais poderão, eventualmente, se identificar. O profissional proteano nada mais seria que uma descrição do tipo de indivíduo que mais facilmente se adaptaria ao novo contrato psicológico e às demais características da Sociedade do Conhecimento.

O novo contrato

Após uma década de reestruturações radicais nas organizações, algo se alterou substancialmente nas relações de trabalho, em especial no universo das grandes corporações. Passada a fase aguda de reengenharias e *downsizings,* restou a percepção da precariedade do vínculo empregatício. Dedicação, senioridade e outras "virtudes" do antigo mundo corporativo perderam a condição de mantenedoras da estabilidade. Atualmente, já faz parte do senso comum a noção de que a empregabilidade é o novo alvo profissional, principalmente para aqueles que não vivenciaram a situação anterior de segurança no emprego.

Desde a década de 60, pesquisadores como Edgar Schein, Chris Argyris e Harry Levinson estudam os acordos implícitos da relação empregador-empregado, que denominaram de contrato psicológico. Esse contrato tácito, não-escrito, refletia as expectativas mútuas para a relação de trabalho – e em sua versão antiga, assegurava a estabilidade do vínculo em troca da dedicação do empregado aos objetivos organizacionais.

Hall apresenta uma abordagem mais recente para esse acordo empregador-empregado, originada do conceito de contrato social de Ian MacNeil, dividindo-o em duas vertentes:[9] o contrato relacional, baseado na expectativa de um relacionamento de longo prazo mutuamente satisfatório; e o

Quadro 2.1 – O novo contrato proteano de carreira

1. A carreira é gerenciada pela pessoa, não pela organização.
2. A carreira é uma série de experiências, habilidades, aprendizados, transições e mudanças na identidade ao longo da vida (o que conta é a "idade da carreira", não a idade cronológica).
3. Desenvolvimento é
   - aprendizado contínuo;
   - autodirigido;
   - relacional; e
   - encontrado em desafios de trabalho.
4. Desenvolvimento não é (necessariamente)
   - treinamento formal;
   - retreinamento; ou
   - mobilidade vertical.
5. Os ingredientes para o sucesso mudam
   - do saber-como *(know-how)* para o aprender-como *(learn-how)*;
   - da segurança no emprego para a empregabilidade;
   - das carreiras organizacionais para as proteanas; e
   - da identidade profissional *(work self)* para a identidade integral *(whole self)*.
6. As organizações proveem
   - atribuições desafiadoras;
   - relacionamentos promotores de desenvolvimento;
   - informação e outros recursos para o desenvolvimento.
7. A meta: sucesso psicológico.

FONTE: Hall (1998:32).

transacional, focado em trocas utilitárias de curto prazo entre indivíduo e organização. O novo contrato estaria se deslocando da modalidade relacional tácita para uma modalidade transacional em que, muitas vezes, se negociam explicitamente os termos da troca.

O novo contrato proteano de carreira tenderia a combinar tanto as características relacionais quanto as transacionais. A lealdade mútua, típica da modalidade relacional, estaria baseada no desempenho, enquanto que a troca transacional se basearia na capacidade de a organização favorecer o alcance do sucesso psicológico.[10]

Observações adicionais

Apesar de todas as considerações a respeito da mudança do contrato psicológico, ocorrida principalmente a partir dos anos 90, Hall afirma que a modalidade relacional clássica não era realidade para a maioria dos empregados americanos antes desse período. Estima que apenas 5% trabalhavam sob esse contrato em 1975, ou seja, em um momento bastante anterior aos abalos das reestruturações em série. E mesmo no Japão, ícone das relações quase familiares nas empresas, essa modalidade de contrato só seria aplicável às grandes corporações e, especialmente, para o trabalhador masculino.[11] Ouchi estima que, na década de 80, apenas 35% do total possuíam essa estabilidade.[12]

Retomando e sintetizando a abordagem atual do fenômeno da carreira, pode-se afirmar que essa passa a ser um atributo individual (carreira interna), com trajetória imprevisível e multiforme (carreira proteana), direcionada pelo conceito pessoal do que é importante no trabalho e na vida (busca do sucesso psicológico) e dependente de um complexo processo de escolhas e de interação com o ambiente profissional (gestão de carreira). Deve-se ressaltar que essa concepção é compatível, em diversos aspectos, com as características da Sociedade do Conhecimento.

Capítulo 6

Conceitos de Gestão de Carreira

Greenhaus define gestão de carreira como "um processo *pelo qual indivíduos desenvolvem, implementam e monitoram metas e estratégias de carreira*".[1] Nesse processo contínuo, o indivíduo:

- Coleta informações sobre si mesmo e sobre o mundo do trabalho.
- Traça um perfil detalhado de suas características de personalidade, interesses e aptidões, bem como das possibilidades de atuação no mercado de trabalho e ocupações alternativas.
- Estabelece metas realistas, baseadas nessas informações.
- Estabelece e implementa uma estratégia para o alcance das metas.
- Avalia a eficácia da estratégia e a relevância das metas.

Adicionalmente, pode-se dizer que gerenciar carreira é tomar decisões adequadas e solucionar problemas relativos à vida profissional, processo esse que envolve um constante embate entre desejos e possibilidades, custos e benefícios. Esses aspectos serão detalhados na descrição do modelo EPIA de gestão de carreira.

Gestão de carreira e sucesso psicológico

Assim como é possível tomar decisões e solucionar problemas cotidianos de maneira não-sistemática, o mesmo pode se dar com a vida profissional. Greenhaus, contudo, pressupõe que a otimização desses processos, através de uma gestão estruturada de carreira, resulta em indivíduos mais produtivos e autorrealizados.[2] Isso seria alcançado pelo favorecimento da compatibilização entre as experiências de vida e trabalho com os desejos e aspirações individuais. Assim sendo, pode-se inferir que a gestão de carreira, como aqui definida, tende a favorecer o sucesso psicológico. Deve-se ressaltar que uma premissa fundamental para toda essa análise é a de que os indivíduos têm considerável controle sobre suas carreiras, ainda que não um controle absoluto.

Dando continuidade ao aprofundamento dos conceitos, será apresentado, no próximo capítulo, um modelo representativo do processamento de informações na gestão de carreira.

Capítulo 7

Pirâmide de Processamento de Informações de Carreira

Reardon[1] propõe um modelo que representa os processos de decisão e de solução de problemas presentes na vida profissional (Figura 2.1). A pirâmide de processamento de informações é composta por três domínios em que ocorre a tomada de decisão: domínios do conhecimento, das habilidades de tomada de decisão e do processamento executivo.

Autoconhecimento

Reardon considera que o processo de tomada de decisão deve ter início pelo autoconhecimento, por sua importância na geração de informações sobre valores, interesses e habilidades individuais necessárias às etapas subsequentes.[2]

Pesquisas realizadas desde a década de 50 têm demonstrado como os valores, em especial os de trabalho, influenciam o processo decisório de carreira e afetam o futuro nível de satisfação profissional.

```
              /\
             /  \
            /Meta-_____  Domínio do
           /cogni- \                    processamento executivo
          /  ções   \
         /_____\
        / Habilidades \
       /   genéricas   _____ Domínio das habilidades
      /de processamento \                tomada de decisão
     /   de informação   \
    /       (CASVE)       \
   /_____\
  /              |          \
 /Autoconheci-  |Conhecimento\ _____ Domínio do
/    mento      |ocupacional  \         conhecimento
/_____|_____\
```

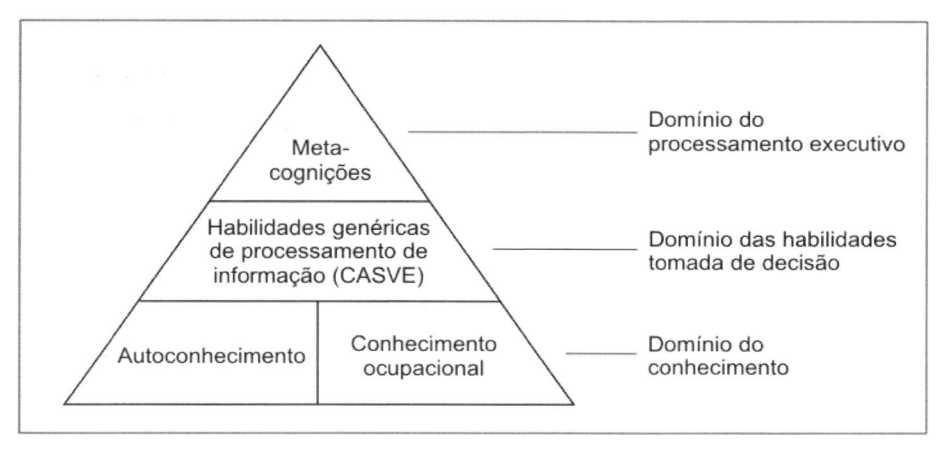

FONTE: Reardon (1999:19).

Figura 2.1 – Pirâmide dos domínios de processamento de informação na tomada de decisão de carreira

O grau de bem-estar e de autoestima estaria relacionado à compatibilidade de valores vivenciada pelo indivíduo em sua ocupação.[3]

Os interesses podem ser identificados, via entrevista, pela análise das atividades que o indivíduo realiza por diversão ou para satisfação pessoal. A partir da década de 40, psicólogos como Kuder e Strong desenvolveram os inventários de interesses, amplamente utilizados até hoje, como uma forma padronizada e objetiva de identificação dessas características. Adicionalmente, esses inventários identificam ocupações que tenham compatibilidade com as preferências individuais.

Para Holland[4], os interesses nada mais são que um dos componentes da personalidade, que também abrangeriam valores, necessidades, habilidades, crenças, atitudes e estilos de aprendizagem. Como resultado de sua pesquisa, criou a tipologia RIASEC, composta por seis tipos de personalidade e ambientes: Realista, Investigativo, Artístico, Social, Empreendedor e Convencional.

Mais recentemente, outras classificações de interesses tem sido desenvolvidas, sendo que uma das mais utilizadas é o MBTI *(Myers-Briggs Type Indicator)*, fundamentado na teoria de personalidade de Jung.

Reardon prefere o termo *habilidade,* em lugar de *aptidão,* por considerar o primeiro mais adequado ao contexto de decisão de carreira..

Aptidão se refere, segundo o autor, à capacidade inata de desenvolver habilidades. As habilidades, abrangeriam características aprendidas pela educação e pela experiência.[5]

Assim como os valores e os interesses, as habilidades interferem no desempenho ocupacional, determinando o nível de competência que pode ser esperado de um dado indivíduo. Com base na relevância dessa variável, inúmeras formas de avaliação de habilidades foram desenvolvidas, desde as específicas para determinados tipos de atividade e organizações, até as genéricas, resultantes de pesquisas da psicologia experimental.

Reardon sumariza seu pensamento sobre o autoconhecimento afirmando que os testes objetivos não são, normalmente, suficientes para prover as informações individuais necessárias. Considera a reflexão e o autoexame indispensáveis, sendo os testes externos importantes instrumentos auxiliares nesse processo.[6]

Conhecimento ocupacional

Reardon considera o conhecimento das opções ocupacionais como a segunda pedra fundamental do processo de decisão de carreira.[7] Um importante desafio a enfrentar é o elevado número de ocupações existentes: o *Dictionary of Occupational Titles* define mais de 12.700 diferentes títulos ocupacionais. Mesmo considerando que cerca de 95% da força de trabalho se concentram em 400 ocupações, ainda assim a tarefa apresenta razoável complexidade.

Uma abordagem sugerida para a operacionalização do conhecimento ocupacional é a classificação das opções de acordo com categorias relevantes para o decisor, como, por exemplo, nível educacional, ganhos financeiros etc. Diversas publicações norte-americanas apresentam os títulos ocupacionais categorizados segundo diferentes critérios, entre elas o já citado *Dictionary of Occupational Titles* e o *Dictionary of Holland Occupational Codes*.

O autor preconiza ainda a necessidade de se considerarem as opções de lazer e de educação/treinamento juntamente com as opções ocupacionais, por entender que os três aspectos devem compor um conjunto interconectado nas decisões de carreira. Acrescenta que a busca de informações ocupacionais pode ser grandemente facilitada se o decisor possuir suficientes informações sobre si próprio (autoconhecimento) norteando essa busca.

Processo de decisão de carreira

Cotidianamente, qualquer indivíduo se envolve em diversos processos de decisão, como, por exemplo, a melhor roupa a utilizar em uma dada situação, sendo esses processos sempre condicionados pelo que somos e pelas opções ao nosso dispor.

Da mesma maneira, decisões de carreira levam em consideração informações sobre a personalidade do decisor e sobre as opções ocupacionais disponíveis.[8]

O segundo nível de processamento de informações (Figura 2.1), referente às habilidades de tomada de decisão, analisa como os indivíduos decidem a partir das informações de que dispõem. É utilizada uma abordagem cognitivista, metaforicamente comparável aos processos computacionais.

Reardon analisa o fato de que muitos indivíduos obtêm informações adequadas sobre si mesmos e sobre as ocupações, utilizando-se por vezes de testes objetivos, publicações e recursos informatizados, mas não conseguem produzir decisões adequadas – ou decisão alguma.

Em ambos os casos, o esforço despendido no autoconhecimento e no conhecimento ocupacional são ineficazmente utilizados por falta de habilidade de tomada de decisão.

O autor aponta três tipos de decisores de carreira: os "decididos", que de forma independente integram as informações disponíveis e desenvolvem um plano de carreira satisfatório para todos os envolvidos; os "não-decididos", que ainda não conseguiram se comprometer com uma escolha ocupacional, por estarem analisando melhor alguma opção ou por terem várias possibilidades em aberto, devido as suas múltiplas habilidades e interesses; e, por fim, os "indecisos", que experimentam, em diversas áreas de sua vida, dificuldades na tomada de decisão, geralmente por focalizarem de forma excessiva em eventos ou opiniões externas.[9]

A relação entre tomada de decisão e solução de problema, no contexto de carreiras, pode ser ilustrado através do Ciclo CASVE (Figura 2.2). Para a abordagem cognitivista, problema é o hiato entre o estado atual e o estado desejado, sendo a supressão do hiato o motivador para o processo de solução de problema e tomada de decisão.

No Ciclo CASVE estão representadas as atividades de solução de problema, como identificação, análise e síntese, associadas a atividades que demandam decisão, entre elas a priorização e a seleção das estratégias a serem utilizadas. Em linhas gerais, as etapas do Ciclo CASVE são as seguintes:[10]

- Comunicação – É o primeiro estágio do ciclo, representando o recebimento de uma informação interna ou externa de problema, (=hiato). A comunicação interna se refere a manifestações físicas ou emocionais, tais como ansiedade, tédio, problemas digestivos e desmotivação, sinalizando que o estado atual não é satisfatório. As comunicações externas podem ser, por exemplo, reclamações familiares, um aviso de demissão ou um artigo sobre a obsolescência de uma determinada ocupação.

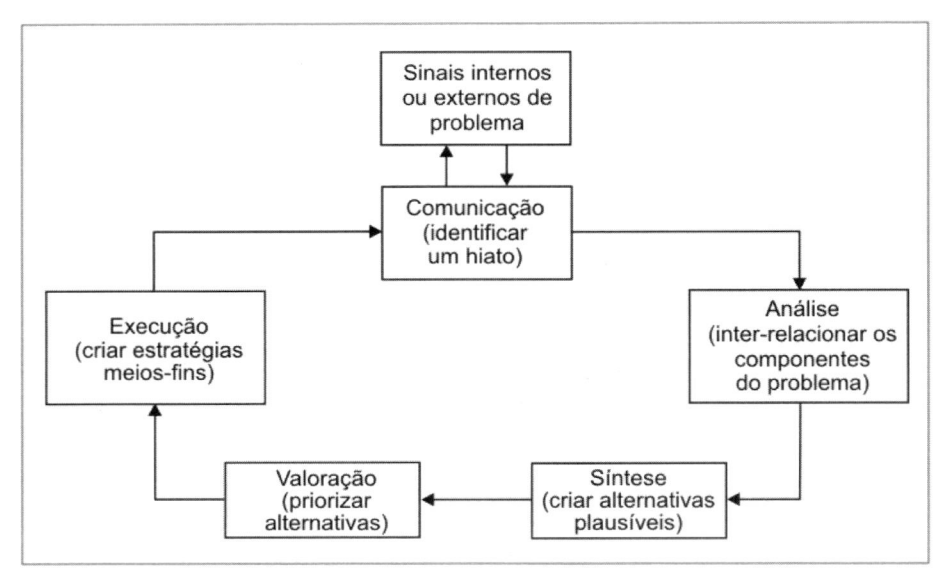

FONTE: Reardon (1999:20).

Figura 2.2 – Ciclo CASVE de habilidades de processamento de informação

- Análise — Decisores eficazes evitam escolhas impulsivas, e se fazem perguntas do tipo: "O que preciso saber sobre mim mesmo e sobre o ambiente ocupacional para solucionar esse problema?"; "O que exatamente preciso fazer para solucionar o problema?", dentre outras. A análise envolve também o entendimento das conexões entre o autoconhecimento e o conhecimento ocupacional, podendo ainda abranger o entendimento de como usualmente tomam decisões importantes (estratégias individuais de decisão).

- Síntese — É o estágio de expansão e convergência de opções. Inicialmente, num processo semelhante a um *brainstorming*, é elaborada uma lista de possíveis escolhas para solucionar o problema. Em seguida, passam por um processo seletivo, do qual restam normalmente de três a cinco opções — um número adequado segundo pesquisadores cognitivistas.

- Valoração — Essa etapa envolve a avaliação de como as opções afetam o decisor e os demais envolvidos. Além da análise custo-benefício, os valores e os ideais do decisor também exercem influência considerável no julgamento de cada opção. Num segundo momento, ainda nesse estágio, ocorrem a classificação e a priorização das opções. Nesse ponto, um bom solucionador de problemas é capaz de fazer uma escolha e de estabelecer um compromisso interno de implementá-la.

- Execução — Esse é o momento de converter ideias em ações, através da formulação de um plano que estabeleça os passos lógicos a serem seguidos para o alcance da meta.

Após a execução, com a realização do plano, retorna-se ao estágio de comunicação, em que se verifica a eficácia do processo (solução do problema, supressão do hiato).

O autor conclui a apresentação do segundo nível do modelo enfatizando que *"solucionar problemas e tomar decisões de carreira são processos contínuos, não eventos"*, e afirma adiante que *"a conclusão bem-sucedida do processo depende do trabalho bem-sucedido em cada um dos cinco estágios. O processo é apenas tão forte quanto o mais fraco dos estágios"*, alertando que a ocorrência de falhas em qualquer das etapas pode pôr a perder o processo inteiro.[11]

Metacognições

O nível do processamento executivo, no topo pirâmide dos domínios (Figura 2.1), se refere às habilidades metacognitivas necessárias ao processo de solução de problemas e tomada de decisão de carreira. Reardon apresenta as seguintes definições, necessárias ao entendimento dessas habilidades:

> "(...) cognição é o processo de memória e pensamento no qual uma pessoa se envolve para desempenhar uma tarefa ou alcançar uma meta; é o processo de pensar. O prefixo 'meta' significa simplesmente 'além' ou 'mais alto', tal como 'habilidades de pensamento de ordem mais elevada!.[12]

Conhecer a si mesmo e as suas opções, e saber utilizar essas informações para decisões de carreira, não seriam condição suficiente para garantir a eficácia do processo de solução de problemas. As habilidades metacognitivas, operando em nível mais alto, atuariam sinalizando o nível de eficiência alcançado em cada etapa do processo (os níveis da pirâmide) e o momento de se tomar a decisão.

Reardon enumera três habilidades que são particularmente importantes na metacognição:[13]

- Diálogo interno *(self-talk)* – O autoconceito a respeito da própria capacidade de solucionar um problema de carreira afeta o desempenho individual. Um diálogo interno negativo, com julgamentos desfavoráveis de si mesmo, tende a bloquear o processo e a criar dificuldades para o uso das informações e habilidades disponíveis. O resultado pode ser a incapacidade de solucionar problemas devido à falta de confiança em si mesmo.

- Autoconsciência *(self-awareness)* – A solução eficaz de problemas de carreira demanda a consciência de si mesmo como executor das ações. O conceito pode ser ilustrado com a analogia do aprendizado da condução de uma bicicleta. Nas primeiras experiências, toda a atenção se focaliza nas habilidades básicas de equilíbrio e movimento. Quando essas se desenvolvem, outros pensamentos podem surgir, como, por exemplo, as condições do ambiente onde se encontra, sua própria experiência física e mental durante o passeio, quantas calorias estão sendo gastas, etc. Analogamente, bons solucionadores de problema conseguem transcender as habilidades básicas necessárias e, com isso, podem se perceber emocionalmente ao longo do processo.[14]

- Controle e monitoramento – A eficácia do processo de tomada de decisão e de solução de problemas depende da capacidade de distinguir o momento de avançar do momento de parar e coletar mais informações. O equilíbrio entre impulsividade e compulsividade é necessário para tal eficácia, evitando, por um lado, uma interminável sequência de tentativas-e-erros, e por outro, um processamento obsessivo de informações sem a correspondente ação prática. Solucionadores eficazes conseguem perceber o momento de buscar novas informações e o momento de decidir e agir.

Reardon considera ainda que essas habilidades metacognitivas podem ser desenvolvidas e aprimoradas, sendo tal processo menos complexo do que possa parecer em princípio. O autor sintetiza seu modelo afirmando que

> "*a solução de problema e a tomada de decisão de carreira eficazes envolvem o uso eficaz de informação em quatro domínios: autoconhecimento, conhecimento ocupacional, tomada de decisão (composta pelo Ciclo CASVE) e processamento executivo. Metacognições negativas em quaisquer dessas áreas causam um curto-circuito no processo de solução de problema (...)*".[15]

Capítulo 8

Modelo Greenhaus
de Gestão de Carreira

Para Greenhaus, gerenciar carreira é, em linhas gerais, tomar decisões apropriadas na vida profissional.[1] O modelo de gestão de carreira que propõe (Figura 2.3) é um ciclo de solução de problemas e tomadas de decisão, em que o indivíduo coleta informações sobre si mesmo e sobre o mundo ao seu redor, estabelece metas, define estratégias, as implementa e as avalia de forma continuada. Nas próximas páginas serão descritos os pontos e conceitos fundamentais desse modelo.

Exploração de carreira

É a coleta e a análise de informações relacionadas à carreira, com o objetivo de gerar consciência *(awareness)* em dois níveis: autoconsciência e consciência do ambiente. Greenhaus considera que as pessoas podem não se conhecer tão bem quanto imaginam, e podem ter uma noção incompleta de seus talentos e de suas limitações.[2] A exploração ativa das ocupações, organizações e oportunidades de carreira favorece a tomada de consciência do ambiente de trabalho, reduzindo a possibilidade de o indivíduo criar expectativas pouco realistas sobre sua vida profissional.

A autoconsciência abrange, segundo o autor, os interesses, os talentos e os valores de trabalho. A consciência do ambiente envolve conhecimento de tipos de ocupação, ramos de atividade, habilidades necessárias, impacto no estilo de vida, entre outros.

Pesquisas têm demonstrado que indivíduos com um bom nível de conhecimento próprio e do ambiente profissional escolhido tendem a desenvolver metas ocupacionais mais satisfatórias do que aqueles que não possuem tal consciência.

Essas evidências sugerem que as atividades exploratórias, nos dois níveis apresentados, têm efeito positivo na gestão de carreira.[3]

Meta e estratégia de carreira

Uma meta de carreira é um resultado ocupacional que se deseja alcançar, resultado esse relativo a qualquer aspecto da carreira ou de sua interação com a vida pessoal. Um consistente resultado de pesquisa em comportamento organizacional demonstra que empregados comprometidos com metas de trabalho específicas e desafiadoras têm desempenho superior ao daqueles que não possuem metas.[4] A vantagem, nesse caso, se deve ao fato de que as metas facilitam a focalização de esforços e, uma vez estabelecidas, propiciam o surgimento de comportamentos a ela direcionados. Provavelmente, o mesmo deve ocorrer em relação às metas de carreira autodefinidas.

A estratégia de carreira é uma sequência de ações planejadas para se alcançar uma meta. E quanto mais específica a meta, maior a probabilidade de se estabelecer uma estratégia eficaz.

Avaliação de carreira

É o processo de obtenção de *feedback* de carreira que permite o monitoramento do progresso das estratégias, em direção à meta, bem como a verificação da própria validade de ambas. As informações utilizadas nessa etapa têm origem tanto no trabalho quanto na vida extratrabalho.

Evidências sugerem que a habilidade de automonitoramento e de revisão de estratégias favorecem a mobilidade de carreira, tanto em promoções interfuncionais quanto em promoções verticais.[5]

A etapa de avaliação desempenha uma função autocorretiva, de *feedback*, que perpetua a exploração de carreira e, por conseguinte, torna contínuo todo o ciclo de gestão de carreira.

Gestão de carreira como um processo contínuo

A gestão de carreira deve ser realizada de forma regular e permanente, pela própria dinâmica do que está sendo gerenciado.

As seguintes características podem ser enumeradas para fundamentar essa afirmativa:[6]

- O trabalho ocupa um papel central na vida, podendo ser uma fonte de satisfação, quando adequado à personalidade e às expectativas do indivíduo, ou uma experiência de frustração, no caso inverso.

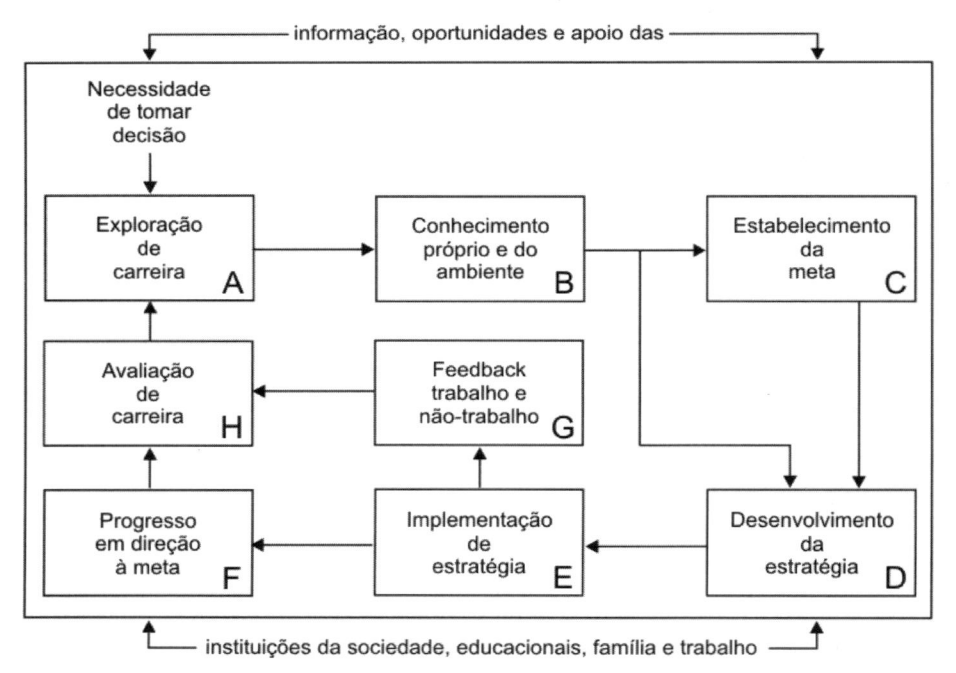

FONTE: Reardon (1999:20).

Figura 2.3 – Modelo Greenhaus de gestão de carreira

Como as primeiras metas nem sempre são totalmente realistas, bem como as estratégias inicialmente concebidas nem sempre se mostram eficazes, a gestão de carreira de forma cíclica e com autocorreção tende a aperfeiçoar esses elementos, aumentando as chances de satisfação futura no trabalho.

- O ambiente das ocupações está em constante mudança, acompanhando as rápidas transformações tecnológicas, econômicas e sociais. A adequação a esse ambiente mutável requer um processo de gestão de carreira intrinsecamente dinâmico.

- As pessoas também mudam, tanto em termos de objetivos de vida, como nos seus interesses e talentos. Fatores como família, experiência profissional e estilo de vida influenciam a carreira de forma diferenciada ao longo do tempo, sendo necessária a revisão periódica das metas e estratégias de carreira para compatibilizá-las com as novas demandas e características pessoais.

Os conceitos aqui abordados serão aprofundados no modelo EPIA de gestão de carreira, construído para nortear a investigação desse processo.

PARTE III

GESTÃO DE CARREIRAS NA ERA DO CONHECIMENTO

Capítulo 9

Fundamentos do Modelo EPIA de Gestão de Carreira

O modelo teórico a ser utilizado como estrutura conceitual deste estudo, denominado Modelo EPIA (Figura 3.1), foi elaborado com base na contribuição de diversos pesquisadores e cientistas sociais (Figura 3.2), dentre os quais podem ser enumerados:

- Reardon (1999) – Utilizando uma abordagem cognitivista e fundamentado em pesquisas da psicologia experimental, desenvolveu a pirâmide de processamento de informações de carreira.

- Greenhaus (1999) – Desenvolveu um modelo de gestão de carreira baseado na psicologia organizacional e em trabalhos de outros pesquisadores organizacionais.

- Hall (1996) – Desde a década de 70 realiza pesquisas sobre carreiras, sendo o autor do conceito de carreira proteana.

- Schein (1996) – Autor clássico de psicologia organizacional, desenvolveu o conceito de "âncoras de carreira" e a abordagem de carreira externa e interna.

Adicionalmente às referências apresentadas, diversos outros autores foram consultados para a análise de temas como:

- Aspectos filosóficos da relação indivíduo-carreira na atualidade – Ciulla (2000).
- Escolhas profissionais na Sociedade do Conhecimento – Drucker (1999), Albion (2000).
- Estratégias de carreira na atualidade – Bridges (1998), Farren (2000), Moses (2000).
- Compatibilização dos interesses organizacionais e individuais – Schein (1978).
- As escolhas e seus referenciais – Feijoo (2000).
- E vários outros autores que serão citados ao longo do trabalho por suas contribuições específicas.

A representação gráfica adotada para o modelo (Figura 3.1), com seu formato cíclico interno, tem como inspiração o PDCA da Qualidade Total[1], também conhecido como ciclo de Shewhart. Os círculos externos, não existentes no PDCA, representam os dois sistemas em que a gestão de carreira está inserida, com o fluxo de informações deles provenientes.

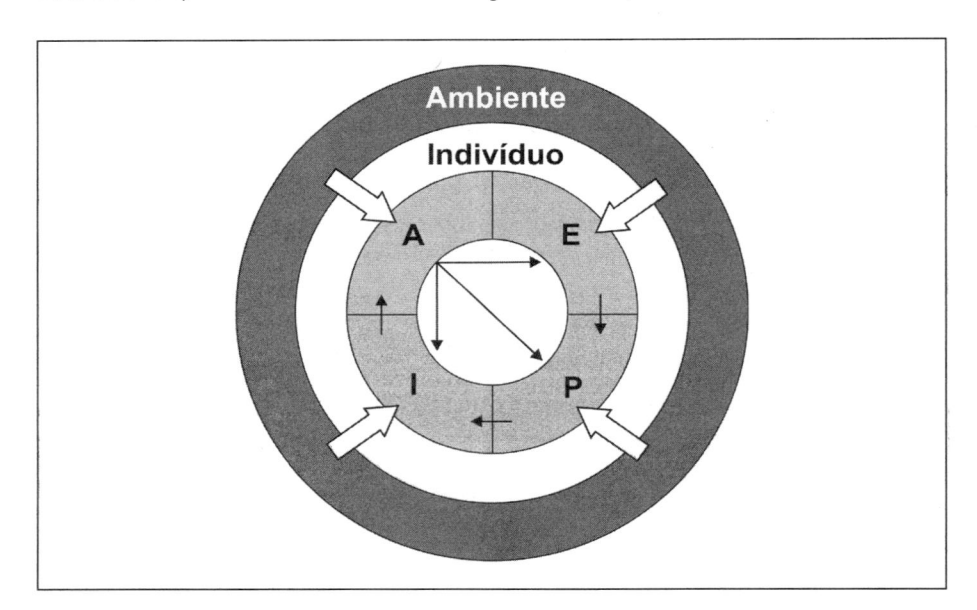

Figura 3.1 – Modelo EPIA de gestão de carreira.

Descrito de maneira sucinta, o Modelo EPIA apresenta os seguintes componentes:

- **E** – Escolha – Etapa relacionada às decisões fundamentais de carreira com as quais o indivíduo se defronta desde a primeira definição profissional.
- **P** – Planejamento – Estabelecimento das metas e estratégias de carreira.
- **I** – Implementação – Etapa de execução do plano elaborado, ou seja, operacionalização das estratégias em direção às metas.
- **A** – Avaliação – Atividade de verificação dos resultados obtidos, enfocando a carreira de forma global. Ao final dessa etapa, três caminhos se abrem:
  - ✓ *Redefinição* – Uma mudança fundamental da carreira, com alteração significativa na natureza da ocupação.
  - ✓ *Replanejamento* – Efetuado caso as metas e/ou estratégias anteriores tenham sido consideradas inadequadas.
  - ✓ *Manutenção* – No caso de metas e estratégias consideradas adequadas, o processo de gestão de carreira permanece em ciclo fechado entre as etapas de avaliação e implementação. Esse ciclo só se abre quando as metas forem atingidas ou caso as estratégias se mostrem ineficazes.
- Informações do indivíduo – As informações geradas pelo autoconhecimento, na forma de valores, habilidades, interesses, etc., afetam todas as etapas do ciclo EPIA, sendo indispensáveis ao gerenciamento eficaz da carreira.
- Informações do ambiente – Englobam as informações relacionadas ao ambiente ocupacional, organizacional, familiar e social que afetam, em maior ou menor grau, as etapas do ciclo. São igualmente importantes para a eficácia do processo.

Todas essas etapas serão analisadas em profundidade nos próximos itens. Mas antes desse detalhamento, alguns pressupostos devem ser apresentados e comentados para melhor entendimento do modelo EPIA:

- Esse modelo tem caráter descritivo, e não prescritivo. Sua principal finalidade é a de retratar um processo que, provavelmente, a maioria das pessoas realiza, ainda que de forma assistemática, não-estruturada ou inconsciente.
- Mesmo não havendo a pretensão *a priori* de ser prescritivo, há evidências de que a utilização de um método estruturado de gestão de carreira aumenta a probabilidade de sucesso.[2]
- Há evidências de que cada indivíduo tende a desenvolver uma teoria pessoal de carreira a partir de suas experiências, sua formação, suas crenças, seus valores e outras características de personalidade.[3] O Modelo EPIA, ao

retratar processos normalmente realizados pelas pessoas, pode auxiliar no aperfeiçoamento dessas teorias informais, provendo novos fundamentos teóricos e (provavelmente) estimulando *insights* sobre questões relevantes para o binômio carreira & vida.

- O processo de gestão de carreira via Modelo EPIA pode ser iniciado, na prática, em qualquer uma das suas etapas. Por exemplo: o indivíduo poderia começar avaliando (A) sua carreira de maneira ampla e a partir daí fazer novas escolhas.
- (E) para sua vida ocupacional. Neste estudo, por uma questão metodológica, a análise do Modelo EPIA terá início nas duas etapas críticas para a eficácia da gestão de carreira: o autoconhecimento e o conhecimento do ambiente.
- O processo de gestão de carreira só seria encerrado na última escolha fundamental: a aposentadoria. Para indivíduos aposentados que continuam a ter uma ocupação, mesmo não-remunerada, considera-se que o processo continua a existir.

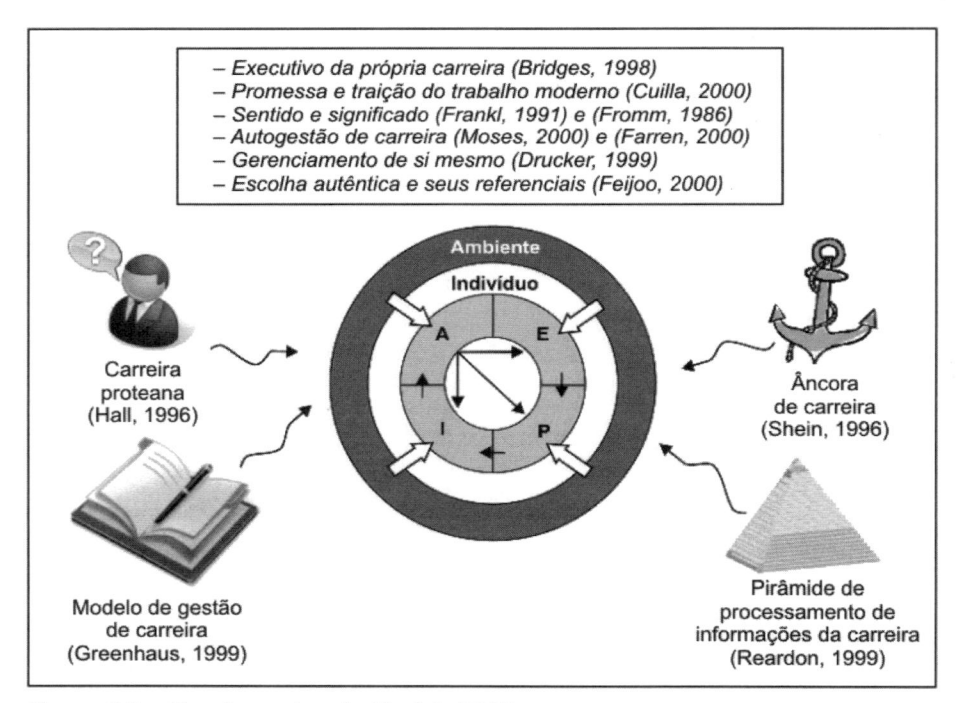

Figura 3.2 – Fundamentos do Modelo EPIA.

Capítulo 10

Autoconhecimento

Em certa ocasião, perguntaram ao filósofo pré-socrático Tales "qual era a coisa mais difícil do mundo", ao que ele respondeu muito simplesmente: "Conhecer-se a si mesmo".[1]

Desde a antiguidade clássica, o "conhece-te a ti mesmo" é apresentado como um dos fundamentos para a sabedoria humana. Da inscrição no templo de Delfos e exortações de Sócrates até a moderna Psicologia, o autoconhecimento é qualificado em sua importância para a realização da condição humana em sua plenitude possível.

Realização como ser humano significaria a capacidade de "tornarmo-nos o que somos"[2], de concretizar na existência – nas relações com o mundo, com o outro e com nós mesmos – aquilo que nos distingue como indivíduos únicos. Um dos principais desvios pelos quais essa condição humana tem falhado em se concretizar é o da "perda na impessoalidade". Por falta de consciência dos seus próprios referenciais, o indivíduo adota os referenciais da sociedade e da cultura, incorrendo em uma das formas do "existir inautêntico".[3] A consciência dos próprios referenciais pressupõe autoconhecimento, e a possibilidade do existir autêntico requer a escolha de se pautar a vida de acordo com esses referenciais.

Tecendo considerações sobre a natureza humana, Fromm enfoca a debilidade biológica do homem, com a relativa ausência de um aparato instintivo como o dos animais, afirmando que

> *"o aparecimento do homem pode ser definido como tendo ocorrido no ponto do processo de evolução em que a adaptação instintiva atingiu o seu mínimo. Ele aparece, porém, com novas qualidades que o diferenciam do animal: sua consciência de si mesmo como entidade independente, sua capacidade de lembrar o passado, de visualizar o futuro e de indicar objetos e atos por meio de símbolos; sua razão para conceber e compreender o mundo; e sua imaginação, graças à qual ele alcança bem além do limite de seus sentidos".*[4]

A consciência de si mesmo, a razão e a imaginação provocaram a ruptura da harmonia com a natureza, presente na vida animal, levando ao surgimento de dicotomias e contradições que caracterizam a condição humana. O indivíduo passa a perceber sua impotência e os limites impostos a sua existência, sendo uma das principais dicotomias existenciais a relação da vida com a sua contrapartida – a morte.

As contradições humanas podem ser históricas ou existenciais. As primeiras são conjunturais, fruto de uma determinada configuração sócio-político-econômico-cultural. As últimas são permanentes, inseparáveis da condição humana. Para se harmonizar com essas contradições, negando-as, o homem cria racionalizações, no âmbito individual, e ideologias, no social. As ideologias nada mais seriam que *"racionalizações socialmente padronizadas"*.[5]

Dentre as contradições históricas que poderíamos apontar na Sociedade do Conhecimento está o fato de que o progresso técnico, em vez de dignificar a condição humana, foi entronizado como um deus moderno, ao qual se sacrificam vidas humanas na forma de existências desprovidas de propósito, a não ser o da utilidade. Nessa ideologia, o valor do homem é resultante de sua utilidade social e produtividade econômica. Contudo, esse mesmo progresso técnico tem alijado do mercado de trabalho um grande contingente de indivíduos, sem que até o momento tenham sido criados mecanismos sociais e econômicos que deem conta do problema.

Na falta do conhecimento de si mesmo, dos referenciais próprios e de sua condição única de ser humano, o indivíduo se perde no impessoal, nos referenciais socialmente ditados, ideologicamente justificados e culturalmente validados como corretos. E nessa perda se esvai também a possibilidade de se tornar si mesmo, de se realizar no seu projeto existencial, de extrair sentido das experiências cotidianas e da existência.

A vida do homem, na concepção de Fromm, *"não pode ser vivida repetindo o padrão de sua espécie: **ele** tem de viver"*. Não há como tentar retornar à harmonia da existência animal, desprovida de angústias e contradições. Seu destino é prosseguir no desenvolvimento de sua razão até tornar-se "senhor de si mesmo". E nesse processo de crescimento, realizado tanto no âmbito individual quanto coletiva e historicamente, o homem é compelido a *"prestar contas de si a si mesmo, bem como do significado de sua existência"*.[6]

Enfrentar as contradições existenciais e históricas de maneira autoconsciente não é uma atitude isenta de inquietações. Toda escolha consciente implica responsabilidade, e a escolha de se conhecer não é exceção. A busca dos referenciais próprios pode evidenciar situações desconfortáveis, como a constatação de não se estar vivendo realmente, mas simplesmente reproduzindo escolhas e comportamentos externos.

Muitos são os que procuram fugir da inquietação interior – de uma vida desprovida de significado mantendo-se permanentemente ocupados, seja em trabalho ou diversão. Mergulham na "ideologia sedativa" da utilidade, abdicando de sua própria liberdade e tornando-se meros instrumentos. Contudo continuam insatisfeitos, ansiosos e inquietos.[7]

Fromm considera que o homem deve aceitar a responsabilidade por si mesmo e o fato de que somente pelo emprego de suas potencialidades poderá dar um significado à própria vida.

Deve reconhecer que não há outro significado para a existência senão o que ele próprio lhe dá ao desenvolver suas forças, vivendo produtivamente dentro das limitações impostas pelas leis naturais. Sintetizando seu pensamento, o autor afirma:

"Só reconhecendo a situação humana, as dicotomias inerentes à sua existência e sua capacidade para ampliar suas forças, será capaz de ter êxito nessa missão: a de ser ele próprio e por si próprio, e de conseguir a

felicidade por meio da concretização total das faculdades que lhe são peculiares – a razão, o amor e o trabalho produtivo". [8]

Autoconhecimento e sucesso psicológico

O desenvolvimento socioeconômico alcançado pela civilização contemporânea não tem sido eficaz na geração de bem-estar psíquico na mesma proporção em que amplia o conforto material. Mezan afirma que as manifestações mais comuns do mal-estar na atualidade são caracteristicamente de ordem depressiva, variando do tédio e desilusão até as formas mais graves de depressão neurológica. O autor caracteriza essas manifestações como uma sensação de que *"a vida não dá certo"* e experiências subjetivas de baixa autoestima e baixa autoconfiança, além da incapacidade para usufruir dos próprios recursos psíquicos.[9]

Na base desse mal-estar contemporâneo está a onipresente pressão social pelo sucesso e pelo consumo, aliados à eterna juventude apresentada pela mídia. Diante de referenciais tão extremos, demandadores de um desempenho muito acima da capacidade e das possibilidades do indivíduo comum, manifesta-se a vivência de perda e de impotência, a sensação de "não ser como se deveria".[10]

A possibilidade de sucesso, como experiência subjetiva, está estreitamente vinculada à definição de seus parâmetros. A utilização de padrões "impessoais" para essa definição incorre em dois riscos fundamentais: o primeiro é o da não-factibilidade, quando tais padrões estão fora do universo de possibilidades do indivíduo, como, por exemplo, desejar características físicas incompatíveis com seu biotipo ou idade. O segundo risco é o da ineficácia: o indivíduo atinge todas as metas que planejou, mas não consegue experimentá-las como bem-estar psíquico, como autorrealização, exatamente pelo fato de que os parâmetros empregados não eram próprios, mas, sim, impessoais.

Nesse ponto, torna-se oportuno retomar o conceito de sucesso psicológico para estabelecer sua relação com o autoconhecimento. A busca do verdadeiro sucesso, como experiência subjetiva de bem-estar e realização, pressupõe a capacidade de o indivíduo conhecer seus próprios referenciais, suas potencialidades, seu projeto existencial. Pressupõe a capacidade de ver através de todas as demandas externas do que deveria ser, para trazer à consciência o projeto de quem realmente deveria se tornar.

Analisando essa questão na atualidade, Morris[11] afirma que o autoconhecimento é o fundamento mais importante para o verdadeiro sucesso nos negócios e na vida, definindo sucesso como a capacidade de descobrir os próprios talentos, desenvolvê-los e utilizá-los tanto para o benefício alheio quanto para o próprio. Acrescenta, ainda, que os parâmetros externos de sucesso – reputação, riqueza e poder –, são "meros efeitos colaterais" do verdadeiro sucesso, e, como tal, não devem ser obsessivamente buscados como um objetivo principal.

Drucker[12] complementa o raciocínio afirmando que poucas pessoas sabem realmente quem são, não conhecendo seu lugar no mundo e suas características psicológicas. Para o autor, *"o sucesso na economia do conhecimento vem para aqueles que conhecem a si mesmos – suas forças, seus valores e como atuam melhor"*.[13]

O processo de autoconhecimento

Schein considera a autopercepção fundamental para a gestão de carreira, sendo responsabilidade do profissional corporativo compartilhar essa autopercepção com seu gerente de forma a assegurar a eficácia do processo.[14] Hall enfatiza e amplia essa necessidade de compartilhamento, com a sua abordagem relacional de carreiras, afirmando que a descoberta de quem somos, do que fazemos melhor e de como ser melhores se dá através dos relacionamentos.[15]

O autoconhecimento pode então ser entendido como um processo de construção da autoimagem, ou de tomada de consciência das características individuais, que ocorre na relação do indivíduo com o mundo e consigo mesmo. Nesse processo dialético, o confronto entre a auto-observação e o *feedback* externo gradativamente sintetizam a autoimagem, aperfeiçoando o conhecimento do indivíduo sobre suas próprias características. Tal processo demanda, ainda, a capacidade de manter essa dinâmica de informações, evitando a paralisação em um autoconceito imutável – ou a própria ausência de um autoconceito, pela completa dependência da avaliação externa.

No atual ambiente de carreiras, tornam-se crescentemente necessárias as habilidades intrapessoais de autoavaliação e de exploração da identidade, possibilitando a construção de uma "bússola pessoal" que norteie as ações de carreira & vida. Essas habilidades não apenas são diferentes das requeridas no passado, como também demandam maior nível de desenvolvimento cognitivo do indivíduo.

Kegan[16], a partir de pesquisas realizadas em Harvard, elaborou uma escala de classificação do desenvolvimento cognitivo do adulto dividida em cinco estágios: impulsivo, imperial, interpessoal, institucional e interindividual. Avaliações com profissionais nos EUA demonstraram que, nessa escala de cinco estágios, a maioria dos entrevistados foi classificada no nível três, interpessoal, compatível com o antigo contrato de carreira. O atual ambiente de carreiras requer no mínimo o nível quatro, institucional, em que *"o indivíduo tem um claro senso de autoidentidade, autonomia e direção pessoal, enquanto que, ao mesmo tempo, mantém consciência do sistema completo em que ele ou ela está funcionando"*. E menos de 50% dos entrevistados atingiu esse patamar de desenvolvimento.[17]

Esse dado de pesquisa reforça dois pontos básicos que têm sido discutidos neste capítulo: a importância do autoconhecimento no atual contexto de carreiras e a inexistência dessa habilidade intrapessoal, em nível adequado, na maioria dos indivíduos. Assim sendo, quem conhece suas próprias potencialidades e inclinações tende a se posicionar melhor em um mercado de trabalho competitivo, aumentando suas chances de sucesso (psicológico). Apesar de esses resultados retratarem o profissional americano, não há evidências de que os resultados no Brasil possam ser melhores, de forma que essas deduções provavelmente são válidas para a realidade nacional.

Mas como lidar então com essa grande maioria que não apresenta, de maneira inata, tal habilidade intrapessoal? Como um indivíduo nessa condição pode ampliar seu nível de autoconsciência?

Existem no mercado diversas modalidades de avaliação psicológica para a caracterização de valores, interesses e aptidões, constitutivos da personalidade. Esses testes objetivos, quando adequadamente construídos, aplicados e interpretados, podem ser importantes fontes de informação sobre as características individuais. E tal importância não se refere apenas ao resultado final, mas também à possibilidade de se criar um espaço de autoquestionamento diante das características apontadas, validando-as ou refutando-as, dessa forma colocando em teste sua autopercepção.

Um efeito colateral desejável no uso desses instrumentos seria criar o hábito da auto-observação, da autoanálise, da curiosidade sobre si mesmo, que continuamente possa municiar esse "banco de dados" interno com novas informações. O aperfeiçoamento da autoconsciência é um processo para toda a vida, não se restringindo a um dado momento, por necessidades específicas.[18]

A formação do autoconceito do profissional tem seu início nas experiências juvenis e educacionais. No entanto, esse autoconceito só será maduro quando o indivíduo tiver suficiente experiência profissional para conhecer suas aptidões, seus objetivos e seus valores de trabalho, podendo levar até dez anos para que esse amadurecimento ocorra. Schein afirma que *"as pessoas entram no mercado de trabalho com muitas ambições, esperanças, medos e ilusões, mas com relativamente poucas informações válidas a seu próprio respeito, especialmente sobre sua capacidade e talento".*[19] Somente com a experiência prática o indivíduo pode realmente saber se tem aptidão para determinado trabalho e se realmente o aprecia. Nesse crescendo de autoconhecimento, o indivíduo tem a possibilidade de identificar o que considera verdadeiramente importante, através dos temas e motivos recorrentes ao longo de sua carreira. Schein estudou esses conjuntos de temas e motivos através de pesquisas no Massachusetts Institute of Technology (MIT), dando origem ao modelo conceitual das "âncoras de carreira", apresentado a seguir.

Âncoras de carreira

O conceito de âncoras de carreira foi elaborado a partir de pesquisa longitudinal do desenvolvimento profissional de um grupo de ex-alunos de MBA do MIT. Através de entrevistas realizadas aos cinco e aos doze anos após a formatura, Schein analisou os principais eventos ocorridos nas carreiras dos profissionais, procurando temas e motivos subjacentes em cada uma das mudanças. Esses temas e motivos, normalmente não percebidos pelo próprio entrevistado, se apresentavam de maneira recorrente, caracterizando uma forma específica de lidar com a carreira que tende a se repetir ao longo da vida.

Schein classificou as âncoras de carreira em oito categorias, de acordo com as constatações de sua pesquisa:[20]

- Aptidão técnico-funcional.
- Aptidão administrativa geral.
- Autonomia/Independência.
- Segurança/Estabilidade.
- Criatividade empreendedora.
- Vontade de servir/Dedicação a uma causa.
- Puro desafio.
- Estilo de vida.

Provavelmente, a maioria das pessoas se preocupa com várias dessas questões, em graus diferenciados, mas o que caracteriza uma delas como a âncora de carreira para um indivíduo é o fato de ser tão importante que se torna imprescindível. Schein apresenta as características de cada uma das categorias, mas reafirma que o aspecto mais relevante é o indivíduo se dar conta, cada vez mais, das aptidões, objetivos e valores que caracterizam suas escolhas, como aspectos a que não renunciariam em sua carreira.

A premissa básica do modelo é que uma âncora de carreira é a única opção da qual o indivíduo não abriria mão quando forçado a fazer uma escolha. Na prática, nem sempre as ocupações existentes são compatíveis com a âncora de carreira do seu ocupante. Nessas circunstâncias, o indivíduo tende a apresentar um desempenho mediano, não se sentindo realmente feliz e comprometido. E, na primeira oportunidade, tende a buscar uma ocupação mais adequada.[21]

Schein considera o profissional como responsável pela autopercepção e pelo compartilhamento dessa autopercepção com pessoas que tenham influência sobre sua carreira na organização, afirmando que é preciso manter um diálogo com a empresa e fazer escolhas inteligentes para ampliar as chances de compatibilização de suas necessidades individuais com as necessidades organizacionais.[22]

O modelo de âncoras de carreira reforça a noção de que o autoconhecimento favorece a eficácia na tomada de decisão ocupacional e enfatiza o seu caráter processual – o autoconhecimento deve ser uma atitude, e não uma ação isolada; um processo, e não um evento. Retomando o Modelo

EPIA, deve-se notar que a prospecção de informações sobre si mesmo, representada pelo círculo do indivíduo na Figura 3.1, é importante não apenas para as escolhas de carreira, sendo necessária também para todas as demais etapas do ciclo de gestão de carreira, como será analisado mais adiante. Nesse ponto, será iniciada a prospecção de informações em outro ambiente igualmente importante para o ciclo EPIA.

Capítulo 11

Conhecimento do Ambiente de Carreira

Pesquisas realizadas nos EUA mostram que os entrantes no mercado de trabalho têm pouca informação sobre carreiras em geral e como avançar em uma carreira.[1] Também sugerem que indivíduos mais municiados de informações sobre si mesmos e sobre o ambiente de carreiras tendem a criar expectativas ocupacionais mais realistas e a obter melhores resultados em termos de ofertas de emprego e salários mais elevados.[2]

Ao lado do autoconhecimento, o conhecimento do ambiente de carreiras é mais um aspecto fundamental para a gestão da carreira proteana com foco no sucesso psicológico. A prospecção de informações do ambiente envolve os seguintes aspectos:

- Tipos de ocupação.
- Características das ocupações (regime de trabalho, mobilidade geográfica, interação humana, perspectivas de crescimento etc.).
- Ramos de atividade.
- Habilidades, atitudes e qualificações requeridas.

- Níveis de remuneração.
- Situação do mercado de trabalho.
- Carreiras ascendentes e em processo de obsolescência.
- Instituições de ensino e capacitação profissional.
- Instituições de assessoria ou consultoria em planejamento e gestão de carreira.
- Atividades de lazer.
- Influência da família nas decisões de carreira.

Essa lista não é exaustiva, mas busca apresentar os variados tipos de informação com maior ou menor relevância para os processos de decisão de carreira, abrangendo inclusive aspectos da vida extratrabalho que devem ser considerados dentro da abordagem integrada de carreira & vida. Drucker aprofunda e sofistica essa prospecção ao considerar que:

> "Organizações, como pessoas, têm valores. Para ser eficaz em uma organização, os valores de uma pessoa devem ser compatíveis com os da organização. Eles não precisam ser os mesmos, mas devem ser próximos o bastante para coexistirem. Do contrário, a pessoa não apenas ficará frustrada, mas também não produzirá resultados".[3]

Deve-se também considerar o caráter dinâmico dos aspectos ambientais enumerados, significando que uma dada informação tem validade limitada, requerendo periódica revisão.

As fontes de informação do ambiente são inúmeras, desde as não-estruturadas, disponíveis nos veículos de comunicação, até as publicações especializadas. Na Parte I foram apresentados diversos aspectos do novo cenário socioeconômico, que caracterizam a Sociedade do Conhecimento, e a maneira como afetam a relação do homem com o trabalho. Perceber as macromudanças na estrutura da sociedade tende a facilitar a compreensão das mudanças estruturais de menor monta, por contextualizá-las e permitir sua apreciação como parte de um sistema dinâmico.

Assim como no caso do autoconhecimento, cabe ressaltar que o conhecimento do ambiente também apresenta um caráter processual, com o indivíduo proteano buscando constantemente informações relevantes para a eficácia da gestão de sua carreira.

Capítulo 12

Escolhas de Carreira

A tomada de decisão é uma constante em todo o processo de gestão de carreira. Em diferentes momentos de sua vida profissional, o indivíduo se vê diante de um conjunto de opções que afetam o binômio carreira & vida. Caso não exerça o seu direito de escolha, essa certamente será feita em seu lugar, com todos os riscos que essa delegação possa gerar. Como pressuposto dessa abordagem proteana de gestão de carreira, o indivíduo é proativo na condução de suas experiências ocupacionais, assumindo a responsabilidade por todas as escolhas que se façam necessárias.

Pela maneira como o modelo EPIA está estruturado, as diversas modalidades de escolha que ocorrem ao longo de uma carreira foram divididas em duas grandes categorias:

- Escolhas fundamentais, ou metaescolhas, que são as decisões que afetam de maneira mais expressiva a carreira & vida, causando substanciais alterações em seu curso. Nessa categoria estão incluídas a escolha inicial e a redefinição de carreira, que serão discutidas posteriormente.

- Escolhas operacionais, relativas às decisões de menor impacto na natureza da carreira e que visam direcioná-la no rumo desejado pelo profissional. Dentre essas escolhas estão as relacionadas à especificação de metas, definição das habilidades a desenvolver, seleção de emprego, cargo ou função, entre outras.

No modelo EPIA, a etapa de Escolha (E) analisará especificamente as escolhas fundamentais, destacadas das demais por merecerem uma abordagem detalhada em função de sua relevância. As escolhas operacionais estarão sendo analisadas, de forma contextualizada, nas três demais etapas do modelo (P, I e A).

```
┌─────────────────────────────────────────────────────────┐
│                                  ┌─────────────────────┐ │
│                                  │ Escolha inicial de carreira │ │
│   ┌──────────────────┐           └─────────────────────┘ │
│   │ Escolhas fundamentais │ ──→                            │
│   │        ou         │ ──→                                │
│   │   metaescolhas    │           ┌─────────────────────┐ │
│   └──────────────────┘           │ Redefinição de carreira │ │
│                                  └─────────────────────┘ │
└─────────────────────────────────────────────────────────┘
```

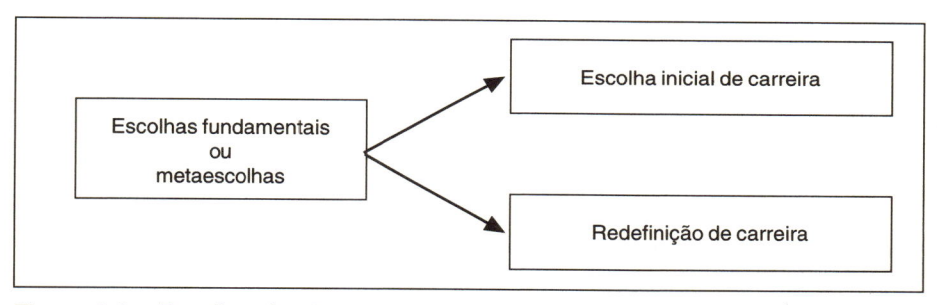

Figura 3.3 – Escolhas fundamentais de carreira.

As duas escolhas fundamentais são definidas como:

- Escolha inicial de carreira – No caso dos profissionais de nível superior, refere-se à escolha da formação universitária, como Medicina, Direito, Engenharia, Psicologia etc. Para os demais, trata-se da primeira decisão ocupacional, que pode ser, por exemplo, a de se tornar empreendedor de um pequeno negócio, técnico de nível médio, prestador de serviços autônomo, entre outras.

- Redefinição de carreira – É qualquer escolha posterior que altere substancialmente a natureza da ocupação ou a trajetória da carreira. A redefinição pode ser precoce, com a mudança da formação universitária (de Engenharia para Física, por exemplo), ou pode ocorrer em qualquer outro ponto da carreira (como um médico que curse pós-graduação em Administração e se torne um empreendedor industrial, ou um engenheiro que se gradue em Psicologia e passe a atuar como psicoterapeuta) .

As escolhas que impliquem direcionamento da carreira dentro de uma área correlata de atuação estão fora do escopo aqui definido. Essas são as escolhas de especificação, abordadas no planejamento de carreira. Um exemplo dessa modalidade é o médico que se especializa em neurologia e se dedica à vida acadêmica, em detrimento da clínica, ou o engenheiro que escolhe a carreira gerencial na organização em que trabalha, abdicando da especialização técnica.

Cabe ressaltar que essa classificação foi estabelecida por uma decisão de modelagem, sendo que em alguns casos a diferença entre redefinição e especificação de carreira pode não ser tão nítida. De qualquer modo, o caráter descritivo do modelo pode comportar esses casos tanto na etapa de Escolha (E) quanto na de Planejamento (P), sem prejuízo para o aspecto integrado e dinâmico do ciclo EPIA.

Fatores influenciadores

Aristóteles afirma que *"o escravo carece da habilidade de decidir e deliberar, mas a recupera quando colocado em liberdade. Mas (...) algumas pessoas são escravas por natureza, significando que são felizes por deixarem outros deliberarem e decidirem por elas"*.[1] O profissional proteano certamente não se enquadra na categoria aristotélica de "escravo por natureza". Por definição, é um indivíduo que conhece seus objetivos de carreira & vida e sabe tomar decisões compatíveis com esses. A análise que se segue parte desse pressuposto para investigar as influências ostensivas e subliminares que atuam sobre esse indivíduo nos momentos em que precisa decidir.

No modelo EPIA está representado o fluxo de informações do indivíduo para o processo de escolha. Como já discutido, o autoconhecimento é fundamental para escolhas autênticas, proteanas, focadas no sucesso psicológico. Sem o referencial próprio, o indivíduo tende a se perder na impessoalidade dos parâmetros externos, reduzindo suas chances de autorrealização.

Os referenciais externos, que no modelo estão incluídos no circulo do Ambiente, podem ser estratificados em três diferentes níveis, representados na Figura 3.4:

- **Família** – A influência na escolha inicial pode ser direta, pela exteriorização de opiniões e conceitos sobre as carreiras em análise, ou indireta, pela tradição familiar em determinada profissão ou ocupação, o que provoca maior exposição do jovem a um determinado conjunto de estímulos ocupacionais.

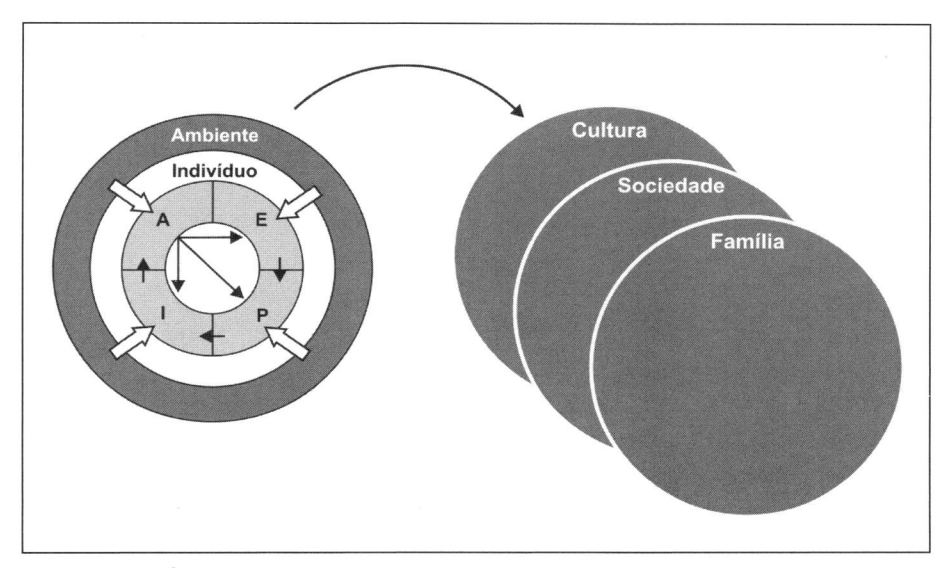

Figura 3.4 – Âmbitos de influência do ambiente nas escolhas de carreira.

A influência nas escolhas de redefinição podem ser tanto motivadoras quanto impeditivas, dependendo de como os familiares julguem as consequências (reais ou imaginárias) de um redirecionamento da carreira do indivíduo em questão.

- **Sociedade** – As características da comunidade onde se vive podem condicionar fortemente as escolhas de um indivíduo. Por exemplo: numa cidade tropical como o Rio de Janeiro, a ocupação de instrutor de esqui não estará normalmente incluída entre as opções viáveis, assim como a carreira de oceanógrafo pode ser considerada fora de questão para quem vive em Brasília e não deseje transferir residência. A conjuntura socioeconômica é outra importante classe de condicionantes. Por exemplo: como resultado das expectativas de crescimento da atividade turística no Brasil, a graduação em Turismo tem registrado elevada procura, por parte dos jovens, na atualidade. Ainda dentro das influências sociais, estão incluídas as interferências diretas, do grupo ou classe social, definindo o que é uma ocupação de prestígio e uma "sem futuro".

- **Cultura** – As influências culturais poderiam ser consideradas como parte das sociais. A opção pelo seu destaque se deve ao seu caráter normalmente implícito, "invisível". Geertz[2] considera a cultura como uma "teia de significados", na qual um grupo social baseia seus julgamentos e interpretações sobre os comportamentos de seus membros.

Douglas[3] afirma que determinadas categorias culturais são de tal forma internalizadas que se assemelham a fatos naturais, inquestionáveis, sendo tomados como verdadeiros *a priori*. Acrescenta ainda que *"o indivíduo, no contexto do coletivo, nunca, ou quase nunca, tem consciência do estilo de pensamento predominante que, quase sempre, exerce uma força absolutamente compulsiva sobre seu pensamento, e com o qual (sic) não é possível discordar"*. E conclui afirmando que as influências culturais não se referem às pequenas questões do cotidiano, mas sim às grandes decisões da vida individual, que seriam "institucionalmente condicionadas".[5]

Essas considerações teóricas enfatizam o caráter "invisível" das influências culturais, e o quanto podem afetar decisões fundamentais de carreira. Juízos de valor a respeito de profissões e ocupações nada têm de original, por mais que o indivíduo imagine estar emitindo um parecer pessoal. E o significado atribuído às opções disponíveis afeta consideravelmente o ato de escolha.

Desde o início do século XX existe a preocupação em se estudar o complexo processo de escolha ocupacional, de forma a ajudar jovens e adultos nessa tarefa. Em 1908, na cidade de Boston (EUA), Frank Parsons criou o primeiro programa estruturado de orientação vocacional, o *Vocations Bureau*, com o objetivo de assessorar indivíduos no exame de suas características de personalidade e na escolha da ocupação mais adequada.[6]

A partir dos anos 50, os teóricos de carreira passaram a analisar a questão da escolha vocacional não apenas sob o enfoque pontual da escolha de uma ocupação, mas também como um processo permanente de decisões de carreira para toda a vida.[7] Nessa abordagem, a busca do autoconhecimento e de informações do ambiente de carreira também se torna permanente, muitas vezes demandando assessoria externa para a realização do processo. Enquanto a orientação vocacional normalmente se direciona à primeira escolha, novas modalidades de serviço para profissionais com experiência têm surgido nos últimos anos, como o *coaching* de carreira e a consultoria de carreira.

Obstáculos à escolha

Antes de se proceder à análise dos obstáculos, faz-se necessária a conceituação do tipo de escolha característico da gestão de uma carreira proteana. Feijoo descreve quatro modalidades de escolha profissional:[8]

- Escolha virtual – É a que se situa no imaginário, em que as expectativas não encontram suporte nas possibilidades do decisor. Dois exemplos: o jovem que deseja a carreira de jogador de futebol, mas não possui habilidade motora que o credencie para tal; e o profissional tecnicamente competente que almeja o prestígio e a remuneração de uma carreira gerencial, sem as habilidades interpessoais e empreendedoras necessárias à função.

- Escolha impessoal – É a que se baseia em referenciais externos, seja da família, seja do grupo social. O indivíduo nessa situação não estabelece seus parâmetros próprios de sucesso, nem considera suas aptidões e características de personalidade no processo de escolha. Nesse caso, estaria, por exemplo, o jovem que escolhe Odontologia pelo fato de o pai possuir um consultório estabelecido, ou o profissional que tem forte vocação para a carreira acadêmica, mas dela desiste por considerá-la de menor prestígio social.

- Escolha necessária – É baseada no medo de se arriscar nas possibilidades, restringindo-se ao necessário. É o caso de indivíduos com grande potencial para uma ocupação diferente da que possuem, mas que preferem uma solução conservadora, ainda que a expansão de seu talento não implicasse objetivamente grande risco. O medo de arriscar seria mais psicológico do que real. Poderia ser o caso de um profissional insatisfeito com seu trabalho, que consegue prospectar outra função na mesma organização, com a qual se identifica melhor, mas que prefere não arriscar uma transferência.

- Escolha autêntica – É aquela em que a liberdade individual é exercida em sua plenitude, compatibilizando necessidade com possibilidade, e havendo consciência dos parâmetros e critérios utilizados para a decisão. Essa escolha é coerente com o "projeto existencial", com aquilo que o indivíduo deveria efetivamente se tornar.

A escolha do indivíduo proteano é, caracteristicamente, uma escolha autêntica. A busca do sucesso psicológico pressupõe consciência dos próprios referenciais, consciência dos fatores de influência externa e responsabilidade nas decisões de carreira.

Um indivíduo comum, com seus desafios profissionais e de vida, pode enfrentar dificuldades no momento de tomar decisões fundamentais de carreira. Os principais obstáculos à escolha autêntica são enumerados a seguir, no intuito de se empreender uma análise integrada como pressupõe o modelo EPIA.

- Falta de informações sobre si mesmo – Autoconhecimento é um pré-requisito fundamental para a gestão de carreira, como já discutido. A falta de informações sobre si mesmo dificulta a escolha por não fornecer parâmetros próprios para a definição de rumos, podendo resultar em indecisão crônica ou em escolhas impessoais.

- Falta de informações sobre o ambiente de carreiras – Essa deficiência leva à dificuldade de se analisarem as opções disponíveis de forma realista. O resultado também pode ser uma indecisão prolongada ou uma escolha inadequada aos objetivos do decisor. Essa inadequação significa frustração de expectativas e insucesso psicológico.

- Dificuldades no processo decisório – Alguns indivíduos, mesmo com um adequado nível de autoconhecimento e de conhecimento do ambiente, enfrentam dificuldades no momento de decidir. Reardon aborda o problema considerando a importância de algumas habilidades metacognitivas para o processo decisório, entre elas um diálogo interno positivo, um pensamento sem a restrição dualista do "ou isso ou aquilo", e o uso de estratégias eficazes para decisão e solução de problemas, passíveis de aprendizagem.[9] A falta de uma estratégia eficaz se reflete na dificuldade de se analisarem os custos e benefícios de uma decisão, bem como os riscos e oportunidades envolvidos.

- Dificuldades em assumir riscos – A realidade raramente apresenta opções com resultados garantidos. Escolher normalmente implica, em maior ou menor grau, arriscar-se. E escolher sempre implica responsabilidade. Diante disso, o indivíduo pode abrir mão de sua liberdade, delegando a escolha ao acaso, ao divino, ao outro, a qualquer instância que o exima da responsabilidade de decidir como indivíduo livre e assumir o risco por sua decisão. Nessa condição, o indivíduo deixa de explorar suas possibilidades e de desenvolver suas potencialidades, reduzindo suas chances de autorrealização.

- Dificuldades na dialética ação-imaginação – Para alguns indivíduos, as escolhas se paralisam no imaginário. São capazes de gerar inúmeras opções e estratégias, sem contudo as concretizar quando necessário. A gestão de carreira certamente se beneficia da criatividade individual e da flexibilidade decorrente de um grande número de estratégias viáveis. Mas não prescinde da capacidade de agir, operacionalizando planos e cumprindo as metas estabelecidas.

- Impossibilidades conjunturais – São os obstáculos reais impostos pelo ambiente, seja familiar ou socioeconômico. Por exemplo: novas responsabilidades pelo nascimento de um filho ou a redução de ofertas de emprego devido à recessão. Tais circunstâncias podem impedir temporariamente a escolha autêntica, e fazem parte da imprevisibilidade da vida humana.
- Impossibilidades existenciais – São os limites impostos pela natureza humana ou pelas características do indivíduo. Como exemplo, por mais que o ritmo do turbocapitalismo exija, o dia não pode ter mais de 24 horas, e por mais que se deseje, os limites físicos e psicológicos nem sempre são transponíveis. Reconhecer as impossibilidades existenciais evita que se criem expectativas não-realistas ou que se façam "escolhas virtuais". Esses são obstáculos reais, estruturais, que devem ser encarados dessa maneira no processo de escolha de carreira.

As considerações até aqui realizadas a respeito das escolhas de carreira procuram analisar esse processo multivariável em sua complexidade, sempre partindo das premissas que norteiam o modelo EPIA. Em seguida, serão analisadas algumas características das escolhas de carreira na atualidade, correlacionando-as com as postulações teóricas apresentadas.

Escolhas de carreira na Sociedade do Conhecimento

Drucker apresenta, em poucas linhas, sua visão sobre as profundas transformações humanas em andamento na atualidade. Compara o determinismo ocupacional do passado recente com a profusão de opções atuais e afirma que

> "pela primeira vez, literalmente pela primeira vez, um número substancial e crescente de pessoas tem a possibilidade de fazer escolhas. Pela primeira vez, as pessoas terão de administrar a si próprias. E é preciso que se diga uma coisa: elas estão totalmente despreparadas para isso". [10]

Considera, ainda, que essa mudança é muito maior do que a trazida por qualquer avanço tecnológico, e assevera que para se autoadministrar é necessário, antes de mais nada, saber quem somos.

Para Handy, em abordagem semelhante sobre momento atual,

> "a verdadeira revolução social é a mudança de uma vida amplamente organizada para nós para um mundo no qual somos todos forçados a estar no comando de nosso próprio destino".[11]

Certamente, nem todos se sentem confortáveis tendo que tomar decisões tão fundamentais e assumir a responsabilidade decorrente. Alguns prefeririam um sistema social mais previsível, como o sistema de castas indiano, com papéis e posições pré-definidos. Para Frankl, a primeira grande "perda do paraíso" vivenciada pelo ser humano ocorreu com a perda dos instintos animais básicos que regulavam seu comportamento. Ao longo do século XX, o enfraquecimento do poder regulador das tradições, que cumpria papel semelhante, ocasionou uma segunda perda, levando o indivíduo ao embate entre a emancipação e o conformismo.[12]

O fato é que, para o profissional proteano, a multiplicidade de opções e a necessidade de administrar a si próprio já é uma realidade. E como as habilidades requeridas não são facilmente encontradas, quem as possui apresenta vantagem competitiva e maior probabilidade de sucesso psicológico. Field considera que se há uma promessa na atualidade, ela é a de que todos deveríamos realizar no trabalho algo de significativo.[13] Mas a realização dessa possibilidade requer escolhas autênticas, desde a inicial até as prováveis redefinições.

Para Albion e Drucker, poucas pessoas sabem o que querem, e a que lugar pertencem, no começo de sua vida profissional. Normalmente, apenas aos vinte e muitos anos serão capazes de responder a questões fundamentais sobre si mesmas, seu lugar no mundo e que contribuições são capazes de fazer.[14]

Esses pressupostos, quando analisados em conjunto com o caráter mutável do cenário socioeconômico e a pressão cada vez maior que a carreira impõe sobre a vida pessoal, explicariam a tendência crescente para a redefinição profissional na atualidade. Holoviak e Greenwood afirmam que essa tendência é particularmente intensa nos níveis gerenciais e executivos. Em 1960, nos EUA, apenas dois em cada 100 realizariam uma mudança radical nos rumos de sua carreira; em 1980, essa proporção já havia alcançado 35% e, atualmente, continua em ascensão, sugerindo que a exceção de quatro décadas atrás pode vir a se tornar a regra.[15]

O comportamento de mudança, motivado pela busca do equilíbrio entre carreira e vida pessoal, bem como pela possibilidade de realizar algo significativo, tem provocado também a redução do apego às carreiras em grandes corporações. Holoviak e Greenwood afirmam que, ao lado das pressões e do estresse causados pela competição global, ou em decorrência desses, o indivíduo é também impactado pelos seguintes fatores na atualidade:[16]

- Casamentos em que ambos têm carreiras.
- Os aspectos demandadores de tempo decorrentes da gestão participativa.
- Acúmulo de atribuições como resultado de programas de reestruturação e *downsizing.*
- Variabilidade das estratégias corporativas, implicando estresse da incerteza.

Em pesquisa da revista *Fortune,* 58% dos CEOs entrevistados declararam esperar que os gerentes de alto nível trabalhem mais de 50 horas por semana e 29%, mais de 60 horas. Quanto aos gerentes de nível intermediário, 50% declararam trabalhar mais de 60 horas e 25%, mais de 70 horas por semana. E os que deixam a vida corporativa o fazem por não conseguir conciliar suas prioridades e valores com as exigências do ambiente das grandes organizações.[17]

Rock afirma que um número crescente de americanos, especialmente os que se aproximam dos 50 anos, estão se reinventando em busca de recompensas tanto econômicas quanto emocionais. Acrescenta que, para muitos, essa busca foi deflagrada pelos maciços cortes resultantes dos *downsizings* da década passada, e que mesmo os poupados pelos expurgos estão buscando maneiras de adquirir maior controle sobre suas vidas.[18]

Em um estudo da *Opinion Research Corporation,* apenas 1% dos respondentes adultos optaria por uma carreira de gerente corporativo. As preferências recaíram sobre as ocupações que oferecem maior autonomia e flexibilidade, como Direito e Medicina.[19] Hall e Moss ainda apresentam a informação de que

> *"em 1990, um quarto dos graduandos em MBA da Columbia University iam trabalhar para grandes manufaturas; em 1994 apenas 13 por cento escolheram essa rota. Similarmente em Stanford, em 1989, quase 70 por cento da turma de MBA foi para companhias maiores (p. ex., aquelas com mais de 1.000 empregados); somente cerca da metade fez o mesmo em 1994. Como afirma John Martin, presidente da turma de MBA de 1995 da Kellogg Graduate School of Management, 'Eu não conheço ninguém que queira ser como Jack Welch ou Jack Smith'".* [20]

A informação contida em todos esses dados e relatos é a de que se percebe uma crescente tendência à carreira proteana e à busca do sucesso psicológico. As escolhas na Era do Conhecimento cada vez mais se baseiam em referenciais próprios e buscam o equilíbrio carreira & vida. O enfoque deixa de ser a busca de uma "carreira lá fora", para se tornar o desenvolvimento de uma "carreira que sou eu".[21] Em resumo, poderia dizer-se: que o indivíduo proteano nada mais é que um ser humano se tornando o que deveria ser. Frankl enfatiza de maneira sintética a importância das escolhas ao definir o ser humano como *"o ser que sempre **decide** o que ele é"*.[22]

Capítulo 13

Planejamento
e Implementação

Como apresentado anteriormente, a gestão de carreira é um processo permanente de solução de problemas e tomada de decisão. Os problemas e decisões fundamentais integram a etapa de Escolha (E) do modelo EPIA. No Planejamento (P), lida-se com os aspectos tipicamente operacionais dos processos citados, devidamente norteados pelas escolhas fundamentais já estabelecidas.

Utilizando-se de duas definições comuns em Administração – eficiência e eficácia – poderíamos dizer que a etapa de escolha trata das finalidades e objetivos maiores da gestão de carreira, ou seja, de sua eficácia. A etapa de planejamento se refere aos meios, sendo, portanto, mais relacionada à eficiência desse processo.

O modelo EPIA, descritivo da gestão de uma carreira proteana, pressupõe a busca simultânea de eficiência e eficácia, o que significa o alcance dos parâmetros individuais de sucesso psicológico com utilização racional dos recursos necessários, sejam eles tempo, dinheiro ou esforço pessoal.

Nesse ponto, surge o segundo arquétipo do profissional contemporâneo, em contraponto a Proteu. Uma antiga fábula chinesa relata que alguns pescadores traziam, em seus barcos, cinco ou seis cormorões[1] presos por uma linha e com uma argola em seus pescoços. Cada vez que um desses pássaros visualiza um peixe, mergulha em sua busca, e invariavelmente o captura. Ao tentar engolir o peixe, é impedido por uma argola colocada em seu pescoço. O pássaro é retirado da água pelo pescador, que pressiona o peixe garganta afora. O pássaro avista outro peixe e mergulha em sua busca, reiniciando o ciclo.[2]

O que se observa na fábula é que, dentre todos os animais, o cormorão foi escolhido pelos pescadores para a escravidão especificamente por suas características peculiares: avidez por peixes, eficiência na captura e fácil adestramento. Em torno desse habilidoso pássaro foi criada, então, toda uma atividade exploratória, instrumentalizada pela invenção do prático artifício da argola e do procedimento da regurgitação forçada.

A fábula do cormorão é uma apropriada metáfora para um comportamento observável em muitos profissionais na atualidade. Se analisarmos as principais qualidades desejáveis no competitivo ambiente de carreiras, e aquelas que são incentivadas tanto pelas escolas quanto pelas organizações, certamente veremos incluídos o talento pessoal, a ambição e a habilidade de aprender.

Não é difícil se constatar que grande parte dos profissionais contemporâneos é candidata a ser explorada para a realização de objetivos que não são os seus. Somente com autoconsciência e um claro senso de identidade seria possível evitar-se a condição de "profissional cormorão" em um ambiente com essas características.[3]

Planejamento proteano

Kotter afirma que "*o homem-organização da década de 50 não tinha ideia de quem realmente ele era; contudo, ele ainda podia ter sucesso ao corresponder a um ambiente de lenta mudança*".[4] Esse ambiente previsível, regido pelo antigo contrato psicológico, com famílias de uma carreira, sem maiores pressões e sobrecarga de trabalho, e com menor competição entre empresas e entre profissionais, exigia menos das habilidades enfatizadas no modelo EPIA: autoconhecimento, conhecimento do ambiente e capacidade de administrar sua carreira e vida pessoal, com base em seus referenciais próprios de sucesso. E ainda assim era possível se alcançar o sucesso financeiro e até mesmo a autorrealização. As demandas atuais, amplamente discutidas ao longo deste estudo, tornaram muito mais complexo e desafiador o alcance desses objetivos.

O indivíduo proteano, reconhecendo a natureza dos desafios atuais e tendo um adequado nível de autoconsciência, percebe a necessidade de parar e se planejar. Bologna considera que *"o planejamento é a mais relevante e cerebral atividade do homem. A capacidade de planejar torna o homem único no reino animal".*[5] Leitão define planejamento como *"um processo intuitivo ou estruturado que visa especular sobre o futuro, de forma a possibilitar a tomada de decisões antecipadamente".*[6] O planejamento é tanto mais necessário quanto maior a incerteza do ambiente, normalmente favorecendo a eficiência (uso otimizado de recursos) por antecipar alguns cursos de ação considerados mais prováveis. Em um ambiente socioeconômico mutável e incerto como o atual, a proatividade e a visão de médio e longo prazos na gestão de carreira podem ser uma vantagem competitiva considerável.

O planejamento na carreira proteana parte das definições fundamentais para as operacionais. O indivíduo autoconsciente tem noção de seus objetivos de vida, valores, interesses e prioridades, de forma que consegue contextualizar seus objetivos de carreira nesses referenciais próprios. Numa analogia com o planejamento estratégico, o indivíduo definiria, nesse ponto, o correspondente à missão de uma organização, a sua razão de ser. O autoconhecimento proporciona também a criação de uma visão de futuro: como o indivíduo se vê, adiante no tempo, com relação aos seus objetivos. Essas definições fundamentais são um produto da etapa de escolha (E) no modelo EPIA.

A definição de metas e estratégias de carreira é um desdobramento das escolhas fundamentais; e pressupõe que além de se conhecer, o indivíduo conhece adequadamente o ambiente de carreiras. Nesse ponto, ele está apto a realizar, de forma estruturada ou não, um diagnóstico estratégico da sua carreira. À semelhança do que se faz via modelo SWOT para as organizações, o profissional confronta suas forças e fraquezas com as oportunidades e ameaças do ambiente de carreiras, identificando possíveis problemas e hiatos de competência. Concluído o diagnóstico, se pode estabelecer as metas e, em seguida, definir as estratégias para atingi-las.

As metas podem ser de duas naturezas: conceituais e operacionais.[7] Na Tabela 3.1, encontra-se um exemplo prático de aplicação dessa classificação.

Tabela 3.1 – Metas de curto e longo prazos para um Gerente Assistente de Recursos Humanos.

	Meta de curto prazo	Meta de longo prazo
Conceitual	Mais responsabilidade na administração da operação de recursos humanos.	Envolvimento em atividades de planejamento de recursos humanos.
	Ampla exposição a todas as facetas de recursos humanos.	Envolvimento no planejamento corporativo mais amplo.
	Mais interação com a gerência de linha.	Envolvimento no desdobramento e na implementação de políticas.
Operacional	Gerente de Recursos Humanos dentro de 2-3 anos.	Diretor Corporativo de Recursos Humanos dentro de 6-8 anos.

FONTE: Greenhaus (1999:69)

A meta conceitual descreve a natureza das experiências de trabalho, estando relacionada aos objetivos fundamentais do indivíduo que, por sua vez, refletem seus valores, interesses, suas aptidões e prioridades. A meta operacional é uma tradução da meta conceitual em termos de uma ocupação ou cargo específico.

As funções de uma meta de carreira podem ser classificadas, a seu turno, como expressivas ou instrumentais. A função expressiva de uma meta se refere à satisfação intrinsecamente associada ao seu alcance, ao sentimento de autorrealização que ela proporciona. Uma meta apresenta função instrumental quando sua concretização é pré-requisito para o alcance de outra meta mais relevante.[8]

Conceitualmente, o estabelecimento de metas de carreira parte dos objetivos fundamentais até chegar às metas operacionais de curto prazo, com função instrumental. O Quadro 3.1 exemplifica tal encadeamento e especificação.

Estabelecidas as metas, o planejador proteano segue para a definição das estratégias correspondentes. Greenhaus sumariza as principais estratégias de carreira observáveis nas organizações:[9]

Quadro 3.1 – Exemplo de encadeamento de metas e suas funções.

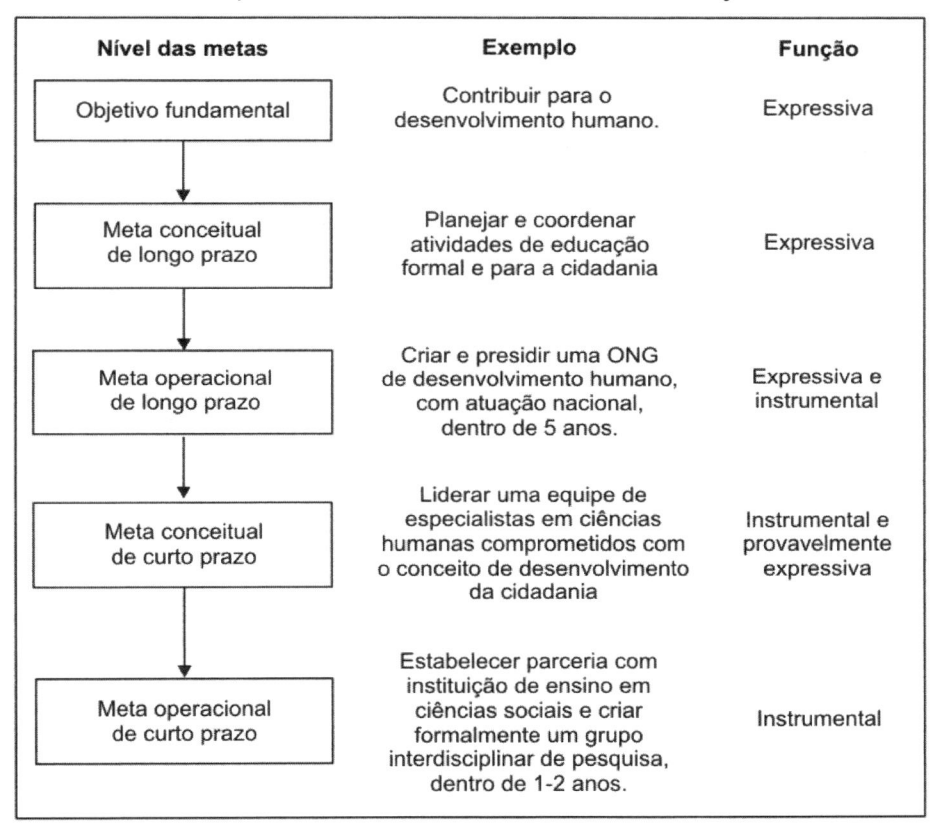

Nível das metas	Exemplo	Função
Objetivo fundamental	Contribuir para o desenvolvimento humano.	Expressiva
Meta conceitual de longo prazo	Planejar e coordenar atividades de educação formal e para a cidadania	Expressiva
Meta operacional de longo prazo	Criar e presidir uma ONG de desenvolvimento humano, com atuação nacional, dentro de 5 anos.	Expressiva e instrumental
Meta conceitual de curto prazo	Liderar uma equipe de especialistas em ciências humanas comprometidos com o conceito de desenvolvimento da cidadania	Instrumental e provavelmente expressiva
Meta operacional de curto prazo	Estabelecer parceria com instituição de ensino em ciências sociais e criar formalmente um grupo interdisciplinar de pesquisa, dentro de 1-2 anos.	Instrumental

- Competência no trabalho atual.
- Maior envolvimento no trabalho, em termos de tempo e energia pessoal.
- Desenvolvimento ou aquisição de habilidades.
- Desenvolvimento de oportunidades via *networking*.
- Desenvolvimento de alianças e relacionamentos de apoio, como o *mentoring*.
- Construção de imagem.
- Política organizacional.

Greenhaus não faz apreciações éticas quanto às estratégias, simplesmente enumerando as que ocorrem na prática. Cita, contudo, resultados de duas pesquisas sobre as estratégias mais eficazes: a primeira aponta o desenvolvimento de habilidades e a diversidade de experiências. A segunda apresenta, entre as principais, a autodesignação para novas atribuições e o *networking*. O autor ressalva que essas estratégias têm eficácia dependente do contexto, podendo ser mais ou menos adequadas de acordo com a natureza do trabalho e com a cultura organizacional.[10]

As estratégias de uma carreira proteana serão, naturalmente, compatíveis com os valores, os interesses e as prioridades do indivíduo, além de adequadas ao ambiente. Por exemplo: para um profissional que priorize o equilíbrio entre seu tempo profissional e seu tempo pessoal ou familiar, a estratégia de intensificação no envolvimento com o trabalho não seria levada em consideração. E caso trabalhasse numa organização *workaholic*, seria certamente forçado a escolher entre ficar e se ajustar ou sair em busca de uma alternativa mais adequada ao seu estilo de vida e trabalho.[11]

O profissional "cormorão" busca permanentemente o desenvolvimento das habilidades consideradas desejáveis no mercado de trabalho ou na organização. O profissional proteano, por outro lado, desenvolve habilidades que são prioritárias para o alcance de suas metas, e que foram identificadas como hiatos de competência no seu autodiagnóstico (SWOT pessoal). Não por coincidência, esse profissional busca desenvolver principalmente habilidades para as quais tenha aptidão.

Como observa Greenhaus, interesses, valores e aptidões são aspectos inter-relacionados da personalidade.[12] Os interesses são comumente derivados de valores profundos e, de maneira similar, normalmente estão relacionados às aptidões. Sintetizando, em geral, o indivíduo tem interesse por atividades profissionais às quais atribui valor, possuindo também aptidão para desempenhá-las. Cabe reafirmar que aptidão significa capacidade inata, enquanto que a habilidade pode resultar da experiência e do aprendizado.

Segundo Drucker, *"gasta-se muito mais energia para melhorar da incompetência para a mediocridade do que para melhorar o desempenho de primeira linha para a excelência".*[13] Essa constatação reforça a ideia de que quando o profissional autoconsciente decide desenvolver uma habilidade, a partir do seu diagnóstico estratégico, provavelmente selecionará uma para a qual já apresenta aptidão. E o fato de apreciar e valorizar tal habilidade tende a facilitar ainda mais o processo.

Essas ponderações são feitas pelo profissional proteano quando traça suas estratégias de carreira. Por mais que o mercado assinale tais ou quais habilidades como críticas, esse indivíduo sabe priorizar aquelas compatíveis com suas metas. E havendo grande dissonância entre as necessidades de mercado e suas prioridades, é capaz de rever suas decisões fundamentais de carreira e, se necessário, redefini-la substancialmente, para alcançar o equilíbrio entre seu projeto de vida e as opções do ambiente.

A flexibilidade pressuposta nessas considerações, que idealmente sempre resulta na compatibilidade das prioridades individuais com as exigências ocupacionais, pode não ser tão facilmente alcançável na vida real. Essa é uma contingência da condição humana, a ser considerada em qualquer planejamento. Contudo, mais uma vez, o indivíduo proteano sabe traçar estratégias que favoreçam essa flexibilidade. Albion ressalta a necessidade de se manter baixos os custos básicos para a manutenção individual ou familiar. O apelo ao consumo, onipresente em nossa cultura, tende a empurrar os gastos para o limite do orçamento, quando não o ultrapassam completamente. E a dependência econômica ocasionada pela manutenção de um alto padrão de consumo termina por aprisionar muitos indivíduos em ocupações insatisfatórias e entediantes, criando a contemporânea "escravidão assalariada".[14]

A flexibilidade proteana permite ao profissional gerar diferentes estratégias para cada meta, de forma a aumentar suas chances de selecionar uma realmente eficiente e eficaz. Tal flexibilidade também se estende à fase da implementação.

A etapa de Implementação (I) do modelo EPIA se refere à concretização das estratégias de carreira. É o momento em que o plano de ação, composto de meta e estratégia, é colocado em funcionamento. A implementação pressupõe forte interação com o ambiente de carreiras, seja uma empresa, um mercado ou um grupo de instituições das quais se depende para agir. Também pressupõe a manutenção do processo de autopercepção ao longo do tempo, de forma a se ter claros sentimentos e experiências derivadas da ação. Essas informações subjetivas, ao lado dos dados objetivos, serão indispensáveis na etapa de avaliação (A), a ser analisada no próximo capítulo.

Na fase de implementação é que se constata, na prática, a natureza do profissional. Não raro, os indivíduos se lançam avidamente à ação, buscando empregabilidade, diversidade de experiências, competências múltiplas, habilidades intra e interpessoais variadas etc. etc. – e se faltar espaço na agenda, vão imaginar que é porque ainda não fez um curso de administração do tempo. Esse indivíduo hiperocupado, estressado e focado na eficiência é, muito provavelmente, o "neurótico dominical", o "anestesiado por ideologias sedativas" ou o "cormorão", distanciado de seus próprios referenciais de sucesso e explorado por interesses que não são os seus.

Capítulo 14

Avaliação de Carreira

Similarmente à maioria dos processos até então descritos, a avaliação de carreira pode ser estruturada ou informal, sendo que, de qualquer uma das maneiras, todo profissional a realiza em algum momento de sua vida. Ela pode se referir à carreira como um todo ou especificamente às metas e estratégias utilizadas.

Genericamente, a avaliação de carreira poderia ser classificada em quatro modalidades distintas, de acordo com a combinação das variáveis **autoria** e **objetividade/subjetividade:**

- Autoavaliação subjetiva.
- Autoavaliação objetiva.
- Heteroavaliação objetiva.
- Heteroavaliação subjetiva.

Por autoavaliação subjetiva entende-se qualquer percepção ou julgamento que o indivíduo tenha a respeito de sua própria vida profissional, podendo variar de um simples estado psicológico relacionado ao seu trabalho até uma abrangente apreciação dos rumos e resultados de sua carreira. É, portanto, baseada nos referenciais e nas percepções do próprio indivíduo.

A avaliação objetiva, realizada tanto pelo indivíduo quanto por terceiros, pressupõe a existência de critérios quantificáveis para uma aferição isenta dos resultados de carreira. Um exemplo dessa modalidade seria a comparação do resultado de uma determinada variável de carreira com a meta previamente estabelecida para ela. Outra possibilidade seria a avaliação realizada pelo superior imediato ou um consultor de carreira, também com base em critérios objetivos. O mesmo raciocínio se aplica às estratégias de carreira, que podem ser avaliadas objetivamente tanto pelo próprio indivíduo quanto por terceiros.

A última modalidade seria a heteroavaliação subjetiva, ou seja, a que se baseia na experiência, percepção ou opinião externas. Os agentes dessa avaliação poderiam ser, por exemplo, um superior hierárquico, um colega de trabalho, um consultor de carreira, um *mentor,* um *coach,* um familiar ou um amigo.

Quadro 3.2 – Modalidades de avaliação.

Objetividade Subjetividade	Autoavaliação objetiva	Heteroavaliação objetiva
	Autoavaliação subjetiva	Heteroavaliação subjetiva
	Autoria	

Qualquer forma de avaliação bem fundamentada tende a ser útil ao processo de gestão de carreira, por gerar e disponibilizar informações sobre seu andamento. Em última análise, essas informações sinalizam se os esforços despendidos estão aproximando ou afastando o profissional da realização de seus objetivos de carreira & vida.

Conceitualmente, pode-se efetuar essa análise em quatro diferentes âmbitos, representados na Figura 3.5: o alcance das metas operacionais, das metas conceituais, dos objetivos de carreira & vida e, no patamar mais alto, o alcance do sucesso psicológico.

Relembrando os conceitos de eficiência e eficácia, pode-se afirmar que o alcance das metas avalia a eficiência da gestão de carreira, enquanto que a realização dos objetivos de carreira & vida e a conquista do sucesso psicológico se referem à eficácia dessa gestão.

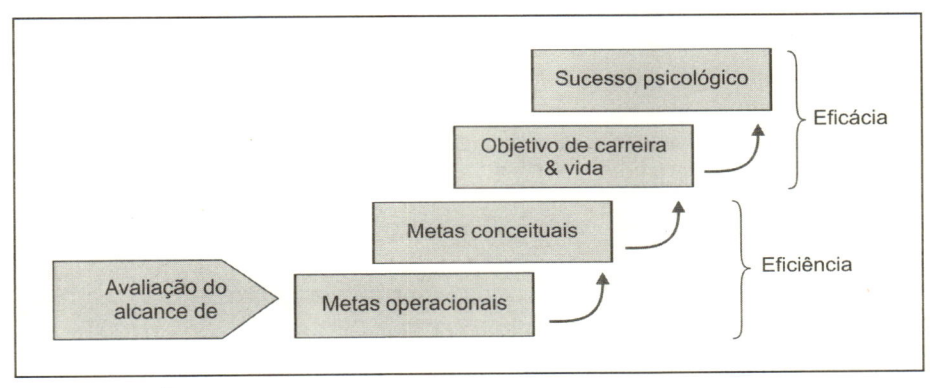

Figura 3.5 – Âmbitos da avaliação de carreira.

O processo de avaliação de carreira, ao medir o afastamento ou aproximação entre os resultados obtidos e os desejados, apresenta três tipos de saída, esquematicamente representados na Figura 3.6:

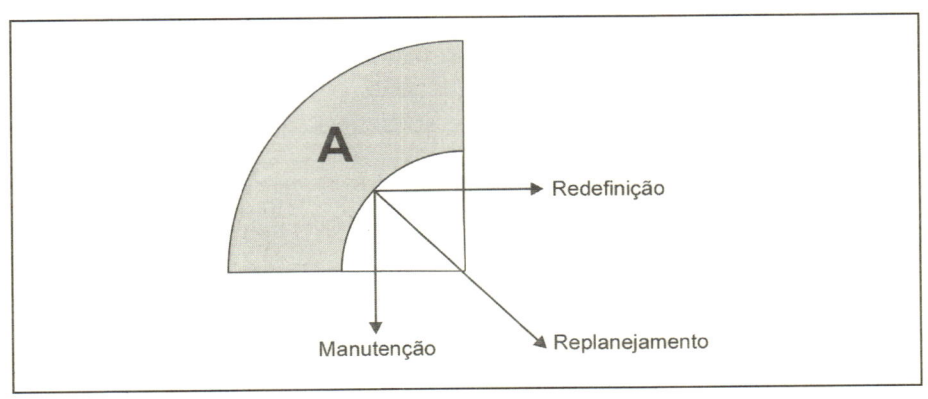

Figura 3.6 – Saídas da etapa de avaliação.

- **Manutenção** – Ocorre quando as estratégias estão se mostrando eficientes, levando a resultados que gradativamente se aproximam das metas. Nesse caso, o ciclo EPIA fica restrito às etapas de implementação e avaliação até o alcance das metas.

- **Replanejamento** – Refere-se à revisão das estratégias, quando ineficientes, ou das metas, caso sejam inadequadas aos objetivos fundamentais ou julgadas pouco realistas. Com isso, retorna-se a etapa de planejamento do modelo EPIA, prosseguindo no ciclo daí em diante.

- **Redefinição** – É uma mudança substancial na natureza da ocupação, decorrente da verificação de que o rumo atual da carreira não está conduzindo ao sucesso psicológico. Em sendo uma nova decisão fundamental, a redefinição implica a retomada do ciclo EPIA na etapa de escolha, conforme já discutido.

O indivíduo proteano é capaz de transitar com desenvoltura entre a autoavaliação e os julgamentos externos, construindo nessa dialética uma percepção gradativamente mais ampla dos rumos de sua carreira – e de si mesmo, como autor. Essa habilidade, como já comentado, pressupõe um nível de interioridade e de desenvolvimento cognitivo que não são encontrados na maioria dos profissionais da atualidade.[1]

A avaliação, assim como o autoconhecimento, deve ser permanente. O indivíduo proteano tem uma atitude de auto-observação ao longo de sua carreira & vida que lhe permite, naturalmente, aprimorar seu autoconceito e avaliar o quanto está realizando suas potencialidades. E sabe também o momento de buscar *feedback* externo para ampliar sua capacidade de avaliação, seja com familiares, amigos, superiores hierárquicos, seja com profissionais especializados em carreira. Ainda nesta Parte II serão analisadas as interações do indivíduo proteano no ambiente organizacional e como elas podem gerar informações para o processo de avaliação.

Capítulo 15

Desenvolvimento de Carreira

Após a descrição conceitual do modelo EPIA e da investigação analítica das suas diferentes etapas, torna-se possível, neste momento, empreender uma abordagem integrada do seu funcionamento ao longo do tempo.

Greenhaus conceitua desenvolvimento de carreira como o *"processo contínuo pelo qual indivíduos progridem por uma série de estágios, cada um dos quais caracterizado por um conjunto único de questões, temas e tarefas".* [1] A perspectiva de desenvolvimento de carreira, segundo Schein, permite que se reconheça o fato de que tanto indivíduo quanto organização estão sujeitos a complexas influências do ambiente, e que ambos têm necessidades que variam ao longo do tempo.[2] Esses conceitos serão analisados e aprofundados adiante.

A abordagem de carreira proteana, adotada neste estudo, considera a existência de diferentes espaços de expressão do indivíduo: o pessoal, o familiar e o profissional. A Figura 3.7 representa o quanto esses espaços demandam do indivíduo e como se sobrepõem em alguns momentos.

O espaço pessoal abrange as atividades de interesse exclusivo do indivíduo, tais como prática de esportes, *hobbies*, contato com amigos, atividades comunitárias ou quaisquer outras relacionadas ao desenvolvimento pessoal. No espaço familiar estão as responsabilidades paternas/maternas, conjugais e, em alguns casos, as relativas a outros membros da família. E no espaço profissional se encontram as demandas impostas pela carreira, desde aquelas circunscritas ao espaço-tempo da jornada de trabalho até as que ultrapassam tais limites, como levar tarefas para casa ou cursar uma pós-graduação após o expediente. Vale notar que os três espaços têm dimensões variáveis, de acordo com o momento de vida e as prioridades de cada indivíduo.

Hall considera que, em cada um desses espaços, o indivíduo apresenta várias subidentidades que desempenham diferentes papéis. Nessa abordagem, identidade é o autoconceito de um indivíduo, a percepção e a avaliação que tem de si mesmo, sendo composta por múltiplas subidentidades. Uma subidentidade, por sua vez, corresponde à autopercepção e ao autojulgamento em um dado papel socialmente definido, como os de pai, marido e profissional, entre outros.[3]

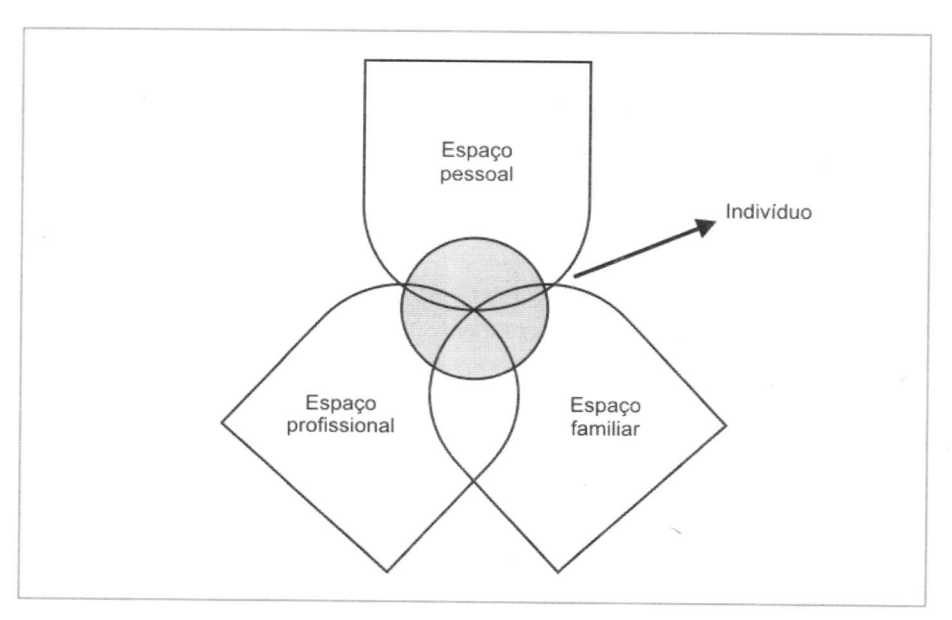

Figura 3.7 – Os espaços de expressão do indivíduo e suas interações.

Retomando a questão do desenvolvimento de carreira, deve-se notar que, nesta abordagem integrada, o que se analisa é o processo individual de lidar com as demandas variáveis dos seus múltiplos espaços de expressão ao longo do tempo. As exigências do papel profissional já foram abordadas, em diversos momentos, ao longo dos capítulos deste estudo. As demandas familiares, em seus diferentes papéis, apresentam alguns marcos relativamente previsíveis, como casamento, nascimento de filhos, adolescência dos filhos, filhos formando suas próprias famílias, e algumas situações menos previsíveis, como um divórcio. É no espaço pessoal que, provavelmente, residem as variáveis e as questões menos ostensivas dessa abordagem carreira & vida, conquanto igualmente relevantes. As pesquisas sobre o desenvolvimento psicossocial do adulto têm ampliado a base conceitual para o entendimento de como o indivíduo lida com essas questões e como elas afetam seus demais papéis.

Teorias da personalidade

As teorias da personalidade fornecem alguns importantes elementos para a análise do desenvolvimento de carreira. Schein as classifica em duas categorias: com ênfase na continuidade *versus* na descontinuidade. A primeira abordagem tem suas raízes em modelos freudianos e pressupõe a manutenção da maneira como os indivíduos lidam com aspectos da vida. Os estilos de personalidade aprendidos na infância permaneceriam, e as principais transições de vida, como adolescência, meia-idade e terceira idade, tenderiam a reativar velhos conflitos e antigas características pessoais. Algumas pesquisas longitudinais confirmam essa tendência no caso de problemas de saúde da infância.[4]

A abordagem de descontinuidade, derivada de modelos junguianos, considera que além dos estilos de personalidade aprendidos na infância, existem outros tantos potenciais não explorados que não desapareçem, mesmo sem uso. Para essas teorias, haveria oportunidades, em diferentes momentos da vida, para o afloramento e o desenvolvimento desses potenciais. Pesquisas da Universidade de Boston, com indivíduos bem-sucedidos na primeira e na segunda carreiras, apresentam evidências que reforçam essa abordagem.[5]

Schein afirma que não há pesquisas conclusivas nessas questões e que a realidade deve ser um misto das duas abordagens: existiriam áreas estáveis na estrutura de personalidade convivendo com áreas de oportunidade de aprendizagem, sendo que a forma como o indivíduo utiliza essas oportunidades refletiria experiências da fase inicial da vida.

Desenvolvimento da vida adulta

A investigação do desenvolvimento psicossocial do adulto tem como um dos mais importantes marcos iniciais as pesquisas de Erik Erikson.[6] Desde então, diversos pesquisadores buscam identificar as similaridades no desenvolvimento adulto, tentando caracterizar os principais momentos de transição, normalmente correlacionados a faixas etárias. Essa correlação se deve à influência cultural, que assinala a transição da adolescência e as de 30, 40, 50 e 60 anos como marcos da existência.[7]

As pesquisas de Levinson[8], a seu turno, são particularmente relevantes pela sua extensão e profundidade. Levinson propôs uma divisão da vida humana em quatro eras, com os seus respectivos períodos de transição:

- Fase pré-adulta (abaixo de 17 anos)
    - ✓ Transição para a fase adulta inicial (17-22 anos).
- Fase adulta inicial [early adulthood] (22-40 anos)
    - ✓ Transição para a meia-idade (40-45 anos).
- Meia-idade (45-60 anos)
    - ✓ Transição para a fase adulta tardia (60-65 anos).
- Fase adulta tardia [late adulthood] (acima de 65 anos).

As pesquisas de Levinson demonstraram que esse padrão de estabilidade-transição-estabilidade é facilmente observável, havendo desvios máximos de 2-3 anos em relação às faixas etárias assinaladas. Para fins de desenvolvimento de carreira, os períodos transicionais são especialmente importantes pelo seu caráter reavaliador. Sheehy, outra pesquisadora do desenvolvimento adulto, estuda esses períodos transicionais, os quais denomina "crises previsíveis da vida adulta"[9], assinalando a previsibilidade tanto da transição quanto da faixa etária de sua ocorrência.

Retomando o modelo de Levinson, observa-se a primeira grande transição que marca a saída da adolescência e a entrada na fase adulta inicial. Nesse período, o indivíduo está empreendendo sua independência tanto financeira quanto emocional, ao mesmo tempo em que lida com os novos papéis de adulto. É um momento de importantes escolhas, inclusive as relacionadas à carreira.

Após um período de estabilidade, em que se consolidam as escolhas e os novos papéis, ocorre a transição dos 30 anos. Essa se caracteriza como o primeiro grande momento de reavaliação, de analisar os rumos da própria vida e de julgar se são realmente os desejados. Nesse momento, se dá a percepção de que qualquer mudança deve ser feita logo, ou então poderá ser muito tarde.[10]

Novo período de estabilidade advém, dos 32 aos 40 anos, quando a transição para uma nova "era" se avizinha – a transição para a meia-idade. As pesquisas de Levinson concluíram que 80% dos homens e 85% das mulheres de sua amostra experimentaram uma crise moderada ou severa nesse período transicional.[11] A partir dos 40 anos, o declínio do vigor físico já pode ser mais claramente observado, agravando a carga psicológica da percepção de perda da juventude, culturalmente tão valorizada. A condição de senioridade se torna ainda mais nítida com a presença de filhos adolescentes e de pais idosos.

A transição para a meia-idade provoca ainda a reavaliação do quanto os objetivos fundamentais da existência estão sendo alcançados. As escolhas dos 30 anos podem ter enfatizado alguns aspectos da vida em detrimento de outros, como, por exemplo, o maior foco na formação de um patrimônio. Aos 40 e poucos anos, esses potenciais e necessidades negligenciados podem emergir na forma de conflito interno, exigindo oportunidade de expressão. Na meia-idade, que abrange dos 45 aos 60 anos, também são observados dois períodos de estabilidade e uma transição – a dos 50 anos.

A fase adulta tardia, a última das três eras de Levinson, é precedida pela transição dos 60-65 anos. Nesse período, o indivíduo pode perceber o decaimento do vigor físico como uma perda irreparável, que, associado a eventuais mortes de familiares e amigos, torna ainda mais acentuada a percepção de declínio da vida. A aposentadoria, com a decorrente noção de perda de *status* e poder, se faz uma realidade cada vez mais próxima. Essas percepções não são unânimes, dado que muitos indivíduos nessa transição se prepararam para um novo estilo de vida, que pode ou não incluir atividades relacionadas ao trabalho. Deve-se considerar ainda que, com a crescente longevidade humana, o contingente de idosos ativos e saudáveis é cada vez maior, demandando um modelo de desenvolvimento psicossocial que inclua também outros períodos na fase adulta tardia.[12]

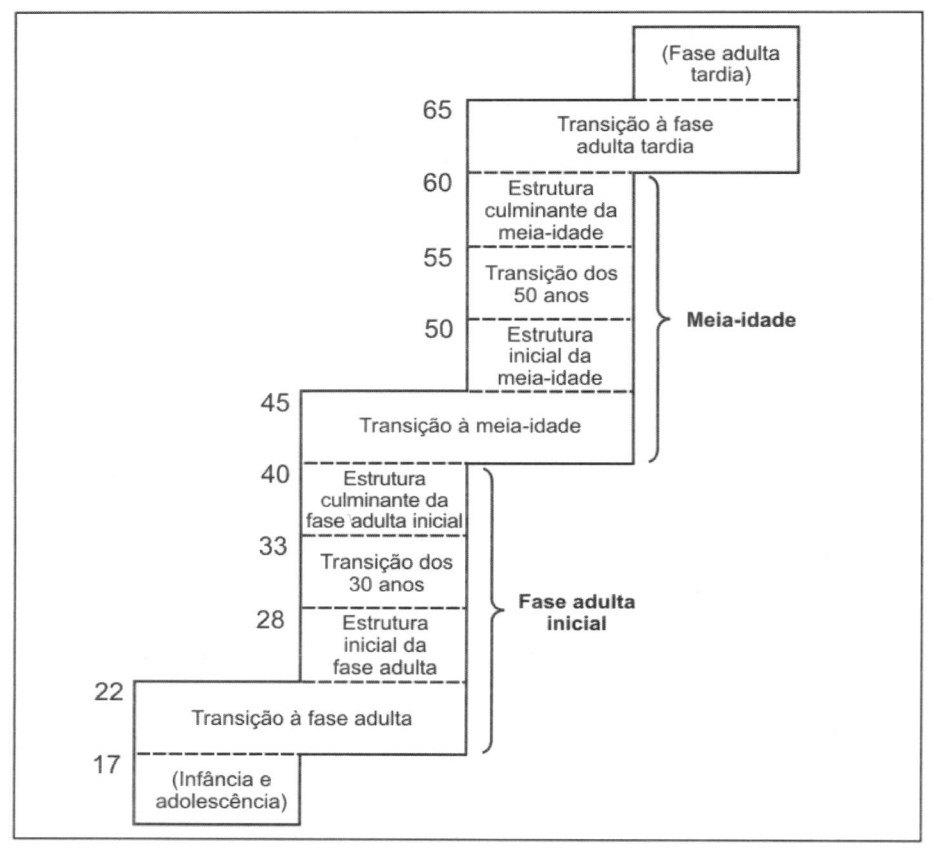

Quadro 3.3 – As eras do desenvolvimento psicossocial do adulto.

```
                                                    (Fase adulta
                                                       tardia)
                                      65    ─────────────────────
                                            Transição à fase
                                             adulta tardia
                                      60    ─────────────────────
                                              Estrutura
                                             culminante da
                                              meia-idade
                                      55    ─────────────────────
                                            Transição dos
                                               50 anos          ⎫
                                      50    ─────────────────────⎬ Meia-idade
                                              Estrutura          ⎭
                                             inicial da
                                              meia-idade
                                45    ─────────────────────────
                                      Transição à meia-idade
                                40    ─────────────────────────
                                       Estrutura          ⎫
                                      culminante da      ⎪
                                     fase adulta inicial ⎪
                                33    ─────────────────── ⎬
                                      Transição dos      ⎪   Fase adulta
                                         30 anos          ⎪    inicial
                                28    ─────────────────── ⎪
                                       Estrutura         ⎭
                                      inicial da
                                      fase adulta
                          22    ─────────────────────────
                                Transição à fase adulta
                          17    ─────────────────────────
                                    (Infância e
                                    adolescência)
```

FONTE: Daniel J. Levinson *et al. apud* Greenhaus (1999:111).

O desenvolvimento de carreira e suas variáveis

O conceito de desenvolvimento de carreira, apresentado no início deste capítulo, assinala o caráter progressivo das experiências profissionais e a multiplicidade de influências externas sobre elas. Reardon enfatiza essa última característica ao se referir à "constelação" de fatores internos e externos que se combinam para dar forma a uma determinada carreira.[13]

Na abordagem relacional de Hall, *"o desenvolvimento da carreira é literalmente a criação de novos aspectos do self em relação à carreira. Desse modo, o crescimento de carreira é um tipo de autorrealização"*.[14] Nota-se nessa definição uma pressuposição de aprendizagem que a aproxima da abordagem mista da teoria da personalidade proposta por Schein.

Greenhaus propõe um modelo de desenvolvimento de carreira (Quadro 3.4), baseado nas pesquisas de Levinson sobre o desenvolvimento do adulto. O modelo é aplicável às carreiras corporativas, tanto na sua forma tradicional quanto na proteana.

Quadro 3.4 – Os cinco estágios do desenvolvimento de carreira.

1. **Escolha ocupacional:** Preparação para o trabalho
   Faixa etária típica: Inicialmente 0-25; depois variável
   Tarefas principais: Desenvolver a autoimagem ocupacional, avaliar as ocupações, desenvolver a escolha ocupacional inicial, buscar a formação necessária.

2. **Entrada na organização**
   Faixa etária típica: Inicialmente 18-25; depois variável
   Principais tarefas: Obter ofertas de emprego das organizações desejadas, selecionar a apropriada com base em informações precisas.

3. **Carreira inicial (Early career):** Estabelecimento e realização
   Faixa etária típica: 25-40
   Principais tarefas: Aprender o trabalho, aprender as regras e normas organizacionais, adequar-se à ocupação e organização escolhidas, aumentar a competência, buscar o sonho.

4. **Carreira intermediária (Midcareer)**
   Faixa etária típica: 40-55
   Principais tarefas: Reavaliar a carreira inicial e a fase adulta inicial, reafirmar ou modificar o sonho, fazer escolhas apropriadas à meia-idade, permanecer produtivo no trabalho.

5. **Carreira tardia (Late career)**
   Faixa etária típica: 55-aposentadoria
   Principais tarefas: Pemanecer produtivo no trabalho, manter a autoestima, preparar-se para aposentadoria.

FONTE: Greenhaus (1999:119).

Esse modelo representa as etapas "naturais" do relacionamento do indivíduo com a organização, interagindo com as questões suscitadas pelo seus estágios de desenvolvimento adulto. No caso de uma redefinição ocupacional ou de mudança de emprego, os dois primeiros estágios são reiniciados em outra faixa etária, com possíveis reflexos nos estágios seguintes.

Ainda sob uma perspectiva de carreira corporativa, Schein apresenta as possibilidades de progressão com o seu modelo tridimensional de organização (Figura 3.8). Além do crescimento vertical na hierarquia, são apontadas duas outras formas de progressão lateral:

- Crescimento através das funções organizacionais ou técnicas, como forma de expressão e realização dos talentos e habilidades do indivíduo.

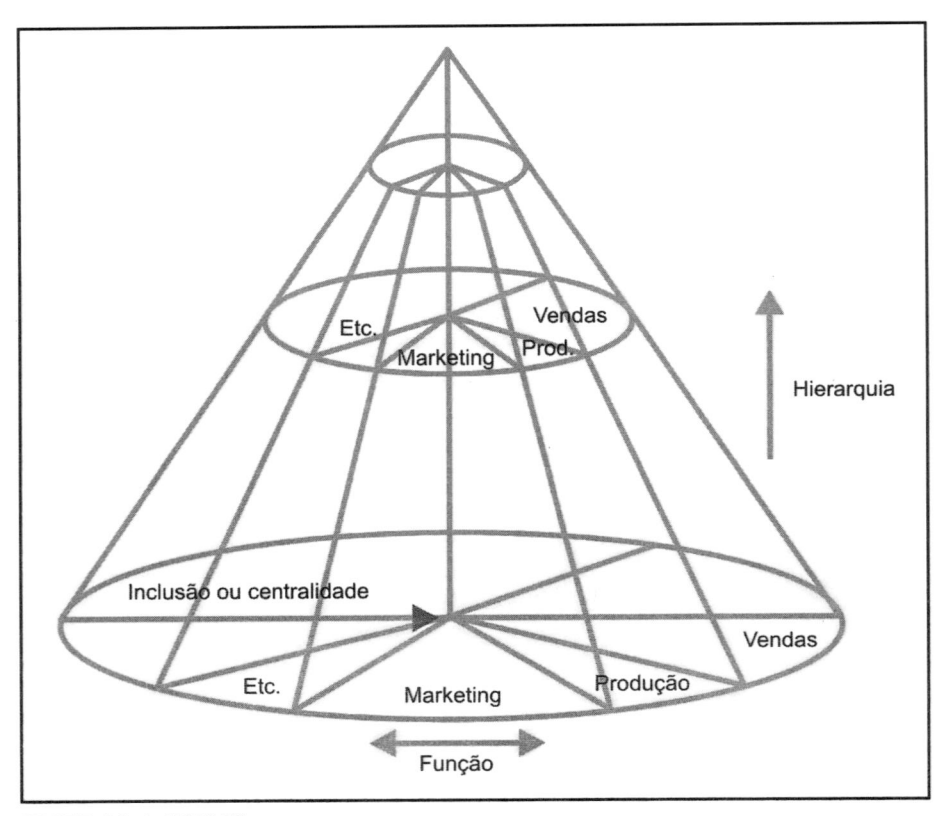

FONTE: Schein (1978:39).

Figura 3.8 – Modelo tridimensional de uma organização.

- Movimento em direção ao "centro" da ocupação ou organização (inclusão ou centralidade), credenciando o profissional como um membro reconhecido. Essa inclusão também ocorre no caso de crescimento vertical, em decorrência da própria ascensão hierárquica.

Essas formas alternativas de progressão de carreira se tornam especialmente relevantes na atualidade, quando se observa a tendência de horizontalização da estrutura hierárquica e a consequente redução da disponibilidade de cargos gerenciais. No próximo capítulo serão analisadas algumas estruturas de carreira que visam a sistematizar essas modalidades de progressão.

Um terceiro modelo de desenvolvimento de carreira abrange tanto carreiras organizacionais quanto autônomas, dentro da perspectiva proteana de aprendizagem contínua e autoconsciente.

Quadro 3.5 – O novo modelo de estágios de carreira (aprendizado *versus* idade).

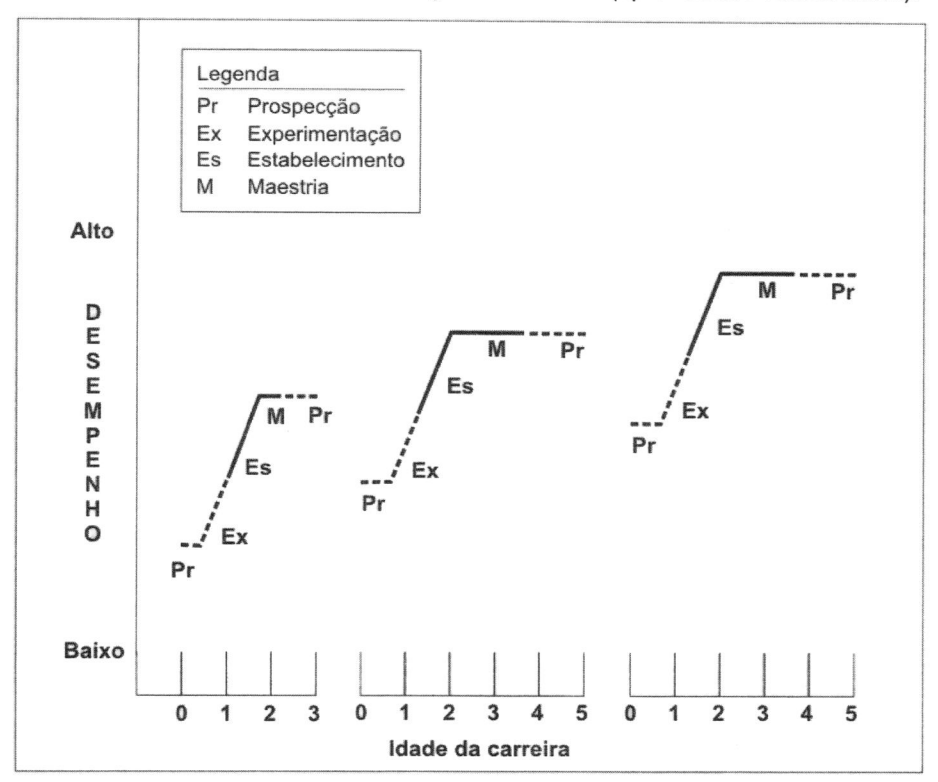

Com esse modelo, tenciona-se representar o caráter dinâmico da carreira proteana diante do curto ciclo de vida de tecnologias e produtos, com seu impacto na maestria profissional. As carreiras tenderiam a se tornar curtos estágios de prospecção-experimentação-maestria-saída, nos quais o indivíduo busca novas ocupações, dentro ou fora das empresas, passa por um período de adaptação e aprendizagem, adquire maestria e reinicia o processo de busca. Na carreira proteana, essas mudanças nada teriam de aleatórias, nem seriam resultado de indefinição ocupacional. Esse processo faz parte do que se denomina "expansão da identidade", resultado do contínuo aprendizado e da busca de autenticidade e significado.[15]

Aprendizado na carreira

Uma pressuposição tem permeado diversas etapas do modelo EPIA: a de que o ser humano possui uma capacidade permanente de aprendizado, em qualquer etapa de sua vida. Essa capacidade não se restringe ao conhecimento e às habilidades técnicas. Conforme a perspectiva de Schein para o desenvolvimento da personalidade, já apresentada neste capítulo, o indivíduo teria a possibilidade de desenvolver potenciais ainda não utilizados, bem como novas formas de lidar com sua carreira & vida – mesmo se considerando a existência de um núcleo estável na estrutura de personalidade. Pesquisas recentes demonstram que, em circunstâncias especiais, mesmo o temperamento – um aspecto aparentemente imutável da personalidade – é passível de mudança.[16]

O profissional proteano utiliza essa possibilidade de mudança adotando uma atitude de aprendizado permanente. Busca se adaptar às demandas do ambiente profissional, mas sempre atento aos seus objetivos fundamentais. Hall afirma que a carreira proteana pressupõe o aprendizado de duas "metacompetências" necessárias ao processo de "aprender a aprender": o autoconhecimento e a adaptabilidade. Enfatiza, contudo, que a adaptabilidade às exigências externas sem autoconsciência se torna reativa e cega, podendo levar o profissional a se afastar de seus próprios valores e metas.[17]

Paralelamente à premissa da autoconsciência proteana, duas questões relacionadas às citadas demandas externas merecem análise: até que ponto as habilidades atuais estão sendo adequadamente utilizadas e o quanto realmente são necessárias novas qualificações?

Bridges cataloga as qualificações, como títulos e diplomas, entre os ativos individuais que credenciam um profissional no mercado de trabalho. Enfatiza, no entanto, a natureza situacional desses ativos: eles não são igualmente valorizados em qualquer ocupação. E vai além, afirmando que *"a educação é útil somente quando é útil".*[18] O indivíduo proteano consegue avaliar o quanto uma qualificação adicional é realmente relevante para seus objetivos de carreira, evitando dispêndios financeiros, emocionais e de tempo na busca de títulos que não aumentariam sua eficácia pessoal.

Adicionalmente às qualificações, o profissional proteano consegue avaliar a utilidade de suas habilidades em diferentes contextos ocupacionais. Bolles apresenta o conceito de habilidades transferíveis e exemplifica com o caso de um Ph.D. em Química, que só tinha em mente a possibilidade de trabalhar em um laboratório ou um grupo de pesquisa. Após uma cuidadosa avaliação de suas habilidades, sob a ótica da transferibilidade, conseguiu uma ocupação extremamente satisfatória como cientista de pesquisa clínica em um hospital.[19]

Nessa mesma linha de raciocínio, Bridges propõe que o foco saia do procedimento específico e se desloque para o processo geral.[20] A reconfiguração das habilidades pode torná-las úteis em contextos diferentes do original, aumentando a flexibilidade da carreira e ampliando o universo de opções ocupacionais que o profissional pode pleitear.

Com tudo isso, observa-se que o aprendizado permanente para o trabalhador do conhecimento não se limita a uma constante busca de novas qualificações. Pressupõe que ele aprenda a aprender, que possua as duas metacompetências citadas e seja capaz de reconfigurar suas habilidades, seus conhecimentos e sua experiência de forma a torná-los aplicáveis a diferentes contextos.

Desenvolvimento de carreira e sucesso psicológico

O desenvolvimento de carreira, na perspectiva do modelo EPIA, é a trajetória multivariável das experiências profissionais, submetida a influências psicológicas e do ambiente, que caracteriza uma forma individual de lidar com as questões de carreira & vida. Os parâmetros descritivos dessa trajetória poderiam ser, por exemplo, a satisfação com o estilo de vida, a compatibilidade carreira-família, os ganhos econômicos, o grau de autonomia, entre outros. De forma mais integrada e específica, pode-se considerar o desenvolvimento de carreira como a trajetória temporal de busca do sucesso psicológico, dado que essa variável incorpora os diversos parâmetros que o indivíduo utiliza para caracterizar e avaliar sua carreira.

A Figura 3.9 é uma representação bidimensional do desenvolvimento de três diferentes carreiras, considerando o nível de sucesso psicológico em função do tempo. Nelas se nota o seu caráter imprevisível e não-linear, dado que diversas variáveis controláveis e incontroláveis interagem para compor o resultado final (nível de sucesso psicológico). Deve-se observar que algumas variáveis são passíveis de quantificação objetiva, como os ganhos salariais, enquanto que outras, como a satisfação com a tarefa, são totalmente subjetivas. O giro do ciclo EPIA, representando a gestão de carreira ao longo do tempo, foi inspirado no conceito de melhoria contínua via PDCA da Qualidade Total.[21]

Figura 3.9 – Representação bidimensional do desenvolvimento de carreira com foco no sucesso psicológico

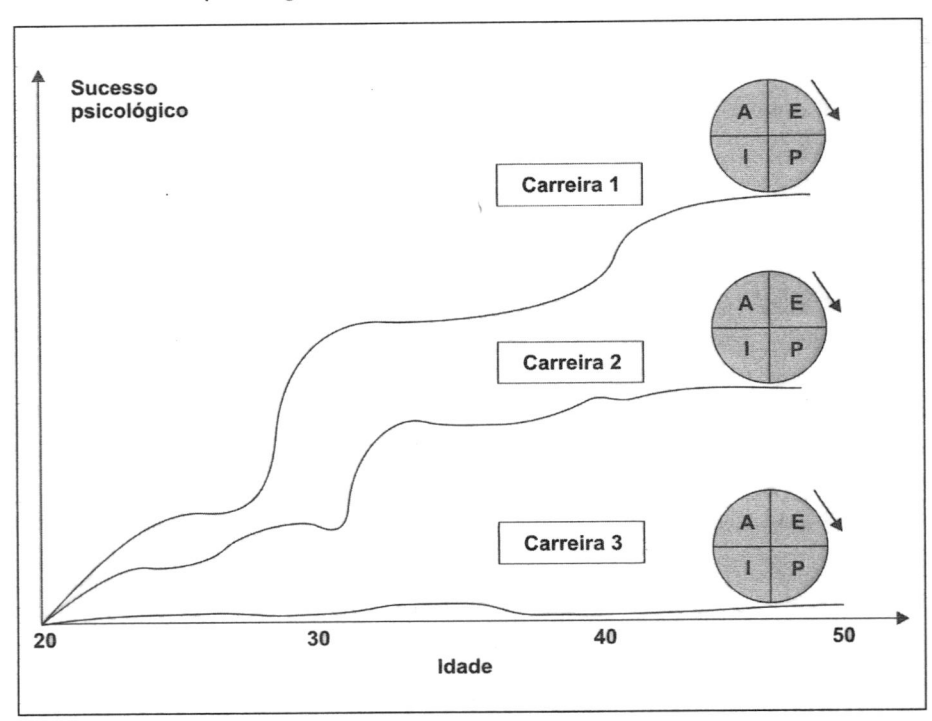

Analisando a Figura 3.9, nota-se que a carreira 1 apresenta períodos de crescimento acentuado na percepção de sucesso, que podem estar relacionados a promoções ou à realização de projetos profissionais de grande importância. Os períodos de menor crescimento podem ser fases intermediárias de consolidação das novas conquistas.

A carreira 2 apresenta um único salto expressivo na percepção de sucesso, em seguida denotando uma tendência de crescimento lento dessa percepção. Pode representar uma carreira em que o indivíduo alcança um importante objetivo, mantendo-se satisfeito com o desenvolvimento estável daí em diante. Na terceira carreira, observa-se um caso nitidamente disfuncional, em que o indivíduo não consegue se perceber bem-sucedido em sua vida profissional. Pode ser o resultado de uma escolha inicial inautêntica, baseada em referenciais impessoais, caracterizando também a impossibilidade ou a incapacidade de o indivíduo gerenciar eficazmente sua carreira ao longo do tempo.

Os três exemplos descritos certamente não abrangem todas as possíveis formas de desenvolvimento de carreira, sendo meras representações visando demonstrar graficamente algumas situações plausíveis. A forma gráfica também associa a gestão de carreira com o seu desenvolvimento, evidenciando que o resultado final tende a ser fortemente impactado pelas decisões individuais ao longo do processo. A gestão de carreira, nessa perspectiva, comportaria uma nova definição: é uma forma proativa e permanente de administração das variáveis internas e externas que afetam a trajetória profissional, atuando nas que são controláveis e se adaptando às demais, de maneira a alcançar as metas e os objetivos fundamentais que resultarão em sucesso psicológico.

Dostoievski define o ser humano como *"o ser que a tudo se habitua"*. [22] Essa assertiva descreve a capacidade humana de se adaptar a situações indesejadas, mas suscita uma pergunta fundamental: a que preço?

A flexibilidade e a adaptabilidade tão valorizadas na Era do Conhecimento podem conduzir um indivíduo não autoconsciente em uma direção totalmente insatisfatória para ele próprio. E a percepção de insucesso pode ser interpretada, por esse indivíduo, como um sinal de ineficiência, levando-o a buscar mais qualificações e maior dedicação à carreira, sem questionar as causas fundamentais da sua insatisfação. Drucker afirma que a crise de meia-idade de muitos executivos é principalmente tédio, resultante de mais de duas décadas de trabalho eficiente, mas que não trazem satisfação pessoal nem a percepção de autodesenvolvimento.[23]

Pesquisa recente da revista americana *Fast Company* [24] levantou a seguinte questão: Quanto é o suficiente? Quanto dinheiro pelo trabalho, quanto tempo para a família, quanta projeção social, quanto tempo para si mesmo, entre outros parâmetros, são considerados o bastante? Essas questões não são novas, mas o ritmo acelerado dos dias atuais imprimiu um caráter ainda mais urgente a sua análise. Os resultados da pesquisa demonstraram que a grande maioria dos respondentes (87%) acredita que o equilíbrio entre trabalho e vida pessoal é uma escolha, e que essa escolha requer concessões *(trade-offs)*. Contudo, na hora das concessões – o que se verificou nas respostas subsequentes – não são aceitas aquelas que comprometam a carreira.

As pesquisas ainda mostraram a prioridade atribuída aos ganhos financeiros: quando questionados se continuariam a trabalhar caso não precisassem de dinheiro, 77% responderam que reduziriam a carga horária ou deixariam de trabalhar. Quando perguntados se prefeririam mais uma hora por dia em casa ou mais US$ 10.000 por ano, 83% preferiram o aumento de salário, muito embora 91% dos respondentes tenham declarado anteriormente que consideravam importante fazer de suas vidas pessoais uma prioridade, colocando em segundo lugar o ganhar mais dinheiro (86%).

A questão central da pesquisa – quanto é o suficiente? – demonstrou que a suficiência é um alvo móvel. "O bastante nunca é o bastante." Em última análise, deseja-se tudo: mais dinheiro, mais tempo para si e para a família, mais sucesso, mais conforto. O indivíduo típico da pesquisa é alguém disposto a trabalhar cada vez mais arduamente, sacrificando o presente em nome de realizações futuras.[25]

O profissional "que a tudo se habitua", que adia a busca de equilíbrio entre carreira e vida pessoal, muitas vezes em nome de realizações ditadas pelo impessoal, é provavelmente um candidato ao tédio a que se referiu Drucker ou à frustração pela não-realização de suas potencialidades.

O sucesso psicológico, conforme já conceituado, é compatível com a definição de Maslow para a autorrealização: o tornar-se realizado naquilo que se é potencialmente. Na abordagem maslowniana, o que uma pessoa *pode* ser, ela *deve* ser.[26] Frankl faz um contraponto a essa perspectiva quando afirma que *"a autorrealização só é possível como um efeito colateral da autotranscendência".* [27]

Capítulo 16

O Papel das Organizações na Gestão de Carreiras

Como tem sido a tônica de toda a abordagem deste estudo, a discussão do papel das organizações também se dará no campo conceitual e descritivo, sem a pretensão de normatizar ou prescrever fórmulas gerais. As análises aqui efetuadas se referem às carreiras proteanas corporativas, regidas pelo novo contrato relacional-transacional já definido.

Essas observações preliminares se fazem necessárias quando se considera a diversidade de relações empregatícias encontradas no Brasil, que varia do contrato relacional clássico, de estabilidade implícita, até a modalidade caracteristicamente transacional, de troca utilitária entre organização e profissional.

As mesmas considerações são aplicáveis ao indivíduo proteano caracterizado neste estudo, que provavelmente não seria o profissional típico encontrado nas organizações brasileiras – e nem mesmo nas americanas, como indícios já apresentados fazem supor. As evidências apontadas por Bridges[1] e discutidas na Parte I sugerem que tanto o novo contrato quanto o novo profissional tendem a predominar em um futuro não muito distante. Assim sendo, as reflexões sobre o papel corporativo na gestão de carreiras podem ser úteis mesmo para os casos que ainda não correspondam ao modelo conceitual aqui proposto.

Aprendizagem organizacional e retenção de talentos

O indivíduo proteano, consciente de suas aptidões, interesses e valores, que deseja o equilíbrio entre carreira e vida pessoal e busca a autorrealização, provavelmente não se adapta a esquemas tradicionais e burocráticos de administração de empresas. É o tipo de profissional que pode abrir mão de um vínculo relacional clássico com uma organização que não proporcione um ambiente de desenvolvimento de carreira adequado às suas expectativas.

Pesquisas recentes nos EUA relatam que um crescente número de profissionais na área de negócios tem optado por carreiras alternativas fora das grandes corporações.[2] Com isso, muitas empresas terminam por perder profissionais talentosos no estágio mais produtivo de suas carreiras. A mudança ocorre quando esses indivíduos reavaliam sua carreira e redefinem suas prioridades, decidindo buscar o equilíbrio que não alcançaram até então. Ou, ainda, quando percebem que sua carreira sofre restrições da estrutura organizacional que impedem a realização de suas potencialidades.

Segurança e recompensas econômicas nem sempre são condições suficientes para a retenção de um profissional proteano, principalmente quando essas podem ser razoavelmente supridas por um patrimônio já formado ou por fontes de renda alternativas. Ainda nessa perspectiva maslowniana[3], as organizações que favorecem o atendimento das necessidades humanas básicas, a saber, fisiológicas, de segurança, de pertencimento, de estima e de autorrealização, estariam em melhores condições de reter esse profissional.

O atendimento às duas primeiras necessidades normalmente se faz por salários e benefícios adequados. As necessidades de pertencimento já demandam a existência de um modelo de gestão de pessoas que privilegie a interação e a participação, por percebê-las favoráveis aos objetivos organizacionais. A experiência de implantação da gestão participativa, normalmente vinculada a programas de Gestão da Qualidade Total, tem demonstrado que a satisfação dessas necessidades apresenta razoável complexidade.

As necessidades de estima e de autorrealização não requerem, obrigatoriamente, dispêndio financeiro da organização para seu atendimento. Contudo, demandam estruturas e práticas organizacionais que podem ser de implantação difícil e lenta, principalmente aquelas relacionadas ao reconhecimento, à progressão de carreira e ao conteúdo e à flexibilidade dos cargos. Esses tópicos serão analisados adiante, ainda neste capítulo. No momento, faz-se necessário investigar um tema frequentemente associado às mudanças nas relações de trabalho – a empregabilidade.

O conceito de empregabilidade já se encontra relativamente difundido, fazendo um contraponto à noção de segurança no emprego. O discurso corrente estabelece que é mais importante ser empregável do que estar empregado, dado que a segunda condição é mais instável e precária que a primeira. No entanto, essa noção, que já faz parte do senso comum, contém apenas metade da equação que representa o contrato relacional transacional.

A contrapartida da empregabilidade está na necessidade de a organização demonstrar a seu profissional empregável que ele terá condições de desenvolver sua carreira enquanto estiver a ela vinculado. A manutenção do profissional proteano sob o novo contrato requer uma combinação de respeito ao ser humano como indivíduo maduro e integral, um trabalho significativo, um ambiente de justiça e oportunidades de crescimento. Em síntese, condições que favoreçam o sucesso psicológico.

O investimento organizacional na carreira de seus profissionais proteanos não se limita à abordagem clássica de treinamento. Ao longo da última década, a questão da aprendizagem tem sido destacada em sua importância para a competitividade, podendo ser citados os conceitos de "organizações que aprendem" *(learning organizations)* –, de Senge[4], e mais recentemente, a abordagem de "educação corporativa", de Meister[5]. Em todas essas abordagens enfatiza-se a necessidade de se criar uma cultura de aprendizagem nas organizações, que favoreça a criação e a disseminação do conhecimento, de forma a assegurar vantagem competitiva duradoura. E esse ambiente organizacional tende a ser intrinsecamente motivador para o profissional proteano em busca de crescimento e atualização.

Estruturas e programas para a gestão de carreiras

Complementarmente aos programas de educação corporativa e aos mecanismos de criação e difusão do conhecimento, outras estruturas e programas específicos para a gestão de carreiras podem ser necessários para a retenção de profissionais proteanos. Inicialmente, cabe analisar a estrutura de carreiras adotada pela organização. Os desenhos de carreiras podem ser classificados em três tipos:[6]

- Estruturas em linha.
- Estruturas em rede.
- Estruturas paralelas.

A modalidade mais amplamente utilizada no Brasil, a estrutura em linha, é exatamente a que oferece menor flexibilidade para a gestão da carreira proteana. Nesse desenho, a única possibilidade de ascensão que conta com reconhecimento simbólico e econômico é a que se faz pela via gerencial. A carreira técnica, nesses casos, é implicitamente caracterizada como de segunda categoria.

As estruturas em rede introduzem uma relativa flexibilidade na progressão de carreira, mas ainda colocam no topo as funções gerenciais. Somente as estruturas paralelas oferecem alternativa à carreira gerencial como forma de ascensão salarial e de reconhecimento intraorganizacional. A Tabela 3.2 apresenta um exemplo real de estrutura paralela.

Provavelmente a forma mais conhecida dessa modalidade seja a carreira em Y, caracterizada por apresentar uma etapa inicial comum a todos os profissionais, havendo adiante uma separação entre as vertentes técnica e gerencial. A estrutura paralela tende a evitar dois tipos comuns de distorção: a premiação da competência técnica com a ascensão na hierarquia gerencial, quando os promovidos não apresentam as habilidades necessárias à função, ou ainda a distorção de se desvalorizarem técnicos competentes pela ausência de reconhecimento simbólico e econômico à sua contribuição.

Adicionalmente a uma estrutura de carreiras adequada, diversas estratégias de desenvolvimento podem ser aplicadas, visando facilitar a compatibilização dos interesses organizacionais com os do profissional proteano:

Tabela 3.2 – Estrutura de carreiras múltiplas da Dow Corning

Nível	Gerencial	Líder Técnico	Pesquisa	Serviço Técnico e Desenvolvimento	Engenharia de Processo	Desenvolvimento de Produto
	Vice-presidente					
	Diretor					
VIII	Gerente de departamento	Líder de equipe	Cientista pesquisador sênior	Cientista de indústria sênior	Cientista de engenharia de processo sênior	Cientista de desenvolvimento sênior
VII	Gerente de departamento	Líder de equipe	Cientista pesquisador	Cientista de indústria	Cientista de engenharia de processo	Cientista de desenvolvimento
VI	Gerente de programa	Líder de equipe	Cientista pesquisador associado	Cientista de indústria associado	Cientista de engenharia de processo associado	Cientista de desenvolvimento associado
V		Líder de projeto	Especialista em pesquisa sênior	Especialista de indústria sênior	Especialista em engenharia de processo sênior	Especialista em desenvolvimento sênior
IV		Líder de projeto	Especialista em pesquisa	Esecialista de indústria	Especialista em engenharia de processo	Especialista em desenvolvimento associado
III		Líder de projeto	Especialista em pesquisa associado	Especialista de indústria associado	Espcialista em engenharia de processo associado	Especialista em desenvolvimento associado
II			Químico sênior	Engenheiro sênior	Engenheiro sênior	Engenheiro sênior
I			Químico	Engenheiro	Engenheiro	Engenheiro
Inicial			Químico associado	Engenheiro associado	Engenheiro associado	Engenheiro associado

FONTE: Greenhaus (1999:436).

Observações:

1. Os líderes técnicos acumulam tanto os títulos de líder quanto os títulos profissionais (p. ex., cientista de indústria associado e líder de equipe).

2. Os níveis VI, VII e VIII são submetidos ao comitê de promoção para aprovação (exceto da linha gerencial).

- Rodízio *(job rotation)* e atribuição de tarefas especiais *(job assignments)* – Proporcionam experiência interfuncional variada e favorecem a inclusão/centralidade (rever o modelo tridimensional de Schein, na Figura 3.8).

- Avaliação de desempenho – Pode ser uma importante fonte de informação para a gestão de carreira, especialmente quando focada na melhoria. Sua associação a programas de educação empresarial e a um plano de carreira mutuamente negociado reforça ainda mais o caráter de melhoria desse instrumento.

- Remuneração por habilidades – Modelo já adotado em algumas empresas brasileiras, em que uma parcela variável do salário está relacionada às habilidades do profissional que estejam sendo utilizadas em sua atividade atual.

- *Coaching* – Na sua modalidade interna, caracteriza-se como uma "nova" competência gerencial. Utilizando a analogia do esporte, o *coach* (treinador) é o gerente que acompanha em tempo real o desempenho de seus subordinados, de forma a identificar necessidades de capacitação técnica ou de desenvolvimento intra e interpessoal. O *coach* externo tem função semelhante, normalmente destinado a executivos, e se caracteriza por ser contratado a uma consultoria de carreira por um período determinado (tipicamente, de 6 meses a 1 ano).

  Sessões periódicas de *coaching* focando aspectos comportamentais do trabalho e associadas a avaliações quantitativas de desempenho são, atualmente, consideradas fundamentais para o desenvolvimento profissional no ritmo que a Era do Conhecimento requer.[7]

  O *coaching* de carreira é mais uma modalidade dessa prática, destinado a assessorar o profissional na avaliação e no planejamento de sua carreira, podendo ser interno ou externo à organização.

- *Mentoring* – É um programa corporativo e formal, destinado à avaliação, planejamento e consultoria interna de carreira, realizado através do intercâmbio entre profissionais seniores e juniores. Pode abranger tanto aspectos ligados à capacitação técnica quanto comportamentais e relacionados à cultura organizacional.

  Hall considera o crescimento de carreira como um produto social, dos relacionamentos na organização, qualificando os programas de *mentoring* como formas de coaprendizado. Profissionais veteranos e novos seriam "coaprendizes interdependentes" nessa relação em que ambos se desenvolvem.[8]

- Sistemas de informação de carreira – Onde existem, são principalmente utilizados para disseminar informações sobre vagas para preenchimento interno, com descrição das atividades, competências e qualificações necessárias, nível salarial e perspectivas de progressão. Normalmente disponibilizam também informações sobre a estrutura de carreira e os critérios de ascensão, principalmente no caso de estruturas paralelas. Greenhaus cita ainda casos de empresas que disponibilizam recursos, via intranet, como sites para autoavaliação de competências, autotreinamento, listas de potenciais mentores e aconselhamento de carreira.[9]

- Programas de gestão de carreira – Cursos, oficinas (*workshops*), seminários e outros programas formais visando a avaliação e o planejamento de carreira, normalmente associados a instrumentos disponíveis em intranet para a continuidade do processo.

Um processo formal de planejamento de carreira

Nunn relata o caso da empresa BRE Properties, de 1.200 empregados, e sua abordagem para a retenção de talentos.[10] Diante da crescente perda de pessoal qualificado, a BRE implantou um processo formal de planejamento de carreira. As premissas norteadoras do processo foram:

- O profissional deve entender as oportunidades disponíveis na organização.
- O profissional deve traçar urna trajetória de carreira que ele entenda, aprecie e avalie positivamente.
- No planejamento de carreira, o gerente e seu subordinado focalizam as metas do profissional para o futuro, discutem as estratégias para alcançá-las, as exigências do cargo e as recompensas financeiras.
- Além da avaliação de desempenho tradicional, no fim do ano, há um processo de revisão do planejamento de carreira no meio do ano, junto com o gerente imediato, especificamente para abordar questões da carreira do subordinado.
- Programa patrocinado por um executivo sênior de grande reputação na empresa.
- Incentivo à adesão com cartas-convites explicando o processo.
- Disponibilização maciça de informações de carreira.

Os resultados do programa de planejamento de carreira foram positivos, conforme duas evidências objetivas verificadas pela BRE:

- Pesquisa de clima organizacional – A maioria dos empregados se mostrou satisfeita com o investimento da organização em suas carreiras.
- Rotatividade *(turnover)* – Redução substancial nessa taxa, indicando o sucesso na retenção de talentos.

Nunn conclui seu relato afirmando que:

"(...) muitos empregados expressaram um forte desejo de avançar na companhia. Isso permitiu à companhia assumir um papel proativo no seu desenvolvimento. Um traço comum ao longo de toda a companhia foi um claro desejo dos empregados em aprofundar sua formação, particularmente enquanto relacionada à experiência direta de trabalho. Diversas transferências intradepartamentais resultaram da constatação dos diferentes conjuntos de habilidades dos empregados. (...) Do ponto de vista de recursos, a BRE apoia firmemente o tempo e esforço do processo de planejamento de carreira e tenciona continuar o programa. A solicitação dos empregados a respeito de mais acompanhamento (follow-up) *foi incorporada, com uma meta de tomar o processo mais orgânico ao longo de todo o ano. A BRE acredita que, como resultado de seus esforços, a confiança, o moral e, por fim, a satisfação do empregado, cresceram significativamente"*.[11]

Reflexões adicionais sobre o papel das organizações

Na perspectiva proteana, a gestão da carreira é de responsabilidade do indivíduo. Nessa mesma perspectiva, como já comentado, o contrato psicológico vigente é o relacional transacional, em que a organização oferece oportunidades de desenvolvimento em troca do comprometimento do indivíduo com os objetivos empresariais. A possibilidade de compatibilização dos objetivos individuais com os organizacionais tem sido objeto de estudo há várias décadas, tendo Schein[12] como um de seus principais pesquisadores. McGregor[13] aborda a mesma questão sob a perspectiva de "integração" dos dois objetivos, sendo esse o princípio fundamental de organização derivado da Teoria Y.

O novo contrato é a versão contemporânea dessa busca de compatibilização. Conceitualmente falando, a capacidade de atrair e de reter indivíduos proteanos está diretamente relacionada à capacidade de favorecer o sucesso psicológico a esses profissionais. A base conceitual que explica as vantagens dessa compatibilização pode ser encontrada nas teorias motivacionais clássicas de Maslow[14] e, especialmente, de Herzberg, que apontam o caráter intrinsecamente motivador de um cargo quando compatível com as habilidades, os interesses e os valores do seu ocupante. Adicionalmente, Herzberg classifica como fatores motivacionais as ações e os sistemas direcionados ao reconhecimento, aprendizado, crescimento e progressão de carreira.[15] Essas teorias permitem que se explique o efeito positivo das ações corporativas em gestão de carreira sobre a motivação dos empregados, potencialmente resultando na melhoria da qualidade e da produtividade do trabalho realizado.

Qualquer ação corporativa visando à gestão de carreira deve ser culturalmente contextualizada. Como a maioria dos programas e modelos disponíveis na literatura foi desenvolvida em outros países, especialmente nos EUA, torna-se necessária a análise das diferenças das culturas nacionais e das peculiaridades da cultura organizacional. Os seguintes autores abordam essa questão, de forma genérica ou mais específica, podendo embasar a contextualização dos referidos programas:

Geertz – Apresenta um conceito semiótico e uma abordagem interpretativa de cultura. Ele a define metaforicamente como *"teia de significados"* e, citando Weber, afirma que *"o homem é um animal amarrado a teias de significados que ele mesmo teceu"*.[16]

Schein – Define cultura organizacional como pressuposições compartilhadas que o grupo desenvolveu enquanto lidou com sua adaptação intra e interorganizacional, que funcionaram bem o suficiente para serem validadas e ensinadas como a maneira correta de agir em situações semelhantes.[17] Aborda o papel da liderança na formação e na mudança cultural, estabelecendo a diferença entre líderes e gerentes ao afirmar que *"os líderes criam e gerenciam culturas, enquanto que os gerentes e administradores vivem dentro dela"*.[18]

Prates e Barros – Apresentam as características da cultura brasileira através de um modelo denominado "sistema de ação cultural brasileiro"[19], inspirado no trabalho do antropólogo Da Matta[20]. Analisam ainda o impacto dessas características no estilo gerencial das organizações brasileiras.

Barbosa – A autora empreende uma análise cultural comparada para caracterizar a maneira como a igualdade é constituída e percebida no Brasil, e como esta se relaciona à meritocracia aplicada às organizações. A avaliação de desempenho e suas consequências para a carreira são amplamente discutidas, demonstrando na prática o impacto da cultura na utilização e na percepção desse instrumento por um grupo social.[21]

A investigação dos temas suscitados por esses autores pode favorecer a eficácia dos programas corporativos de carreira ao facultar a detecção de obstáculos culturais, possibilitando que se realizem as adaptações necessárias à adequação desses programas. A gestão da carreira proteana não comporta soluções padronizadas, haja vista a afirmação da singularidade do indivíduo no recorte conceitual adotado neste estudo. A mesma perspectiva de singularidade deve ser estendida às organizações. Por fim, um programa dessa natureza pressupõe a existência de uma política de recursos humanos filosoficamente compatível com a abordagem proteana de carreira, em que a premissa da compatibilização dos interesses organizacionais e individuais permeie todos os sistemas e programas de gestão de pessoas.

PARTE IV

GESTÃO DE CARREIRAS NO BRASIL: RESULTADOS DE PESQUISA

Capítulo 17

Considerações sobre a Pesquisa

A pesquisa foi realizada como parte integrante do projeto de dissertação de mestrado em Gestão Empresarial na Fundação Getulio Vargas. Foram distribuídos 1.000 questionários para profissionais que cursam pós-graduação *lato sensu* no FGV Management, em turmas selecionadas aleatoriamente nas diferentes regiões do país, havendo um retorno de 204 respondidos. A taxa de respostas de 20,4% pode ser considerada bastante positiva, levando-se em conta que pesquisas desse tipo costumam ter um retorno inferior à 10%.

Os dados foram coletados através do questionário reproduzido no Anexo 2. Esse instrumento foi testado em quatro etapas, com um total de 31 pessoas envolvidas, dentre as quais dois especialistas em Metodologia da Pesquisa. A última etapa foi um teste-piloto, com alunos de pós-graduação de uma universidade do Rio de Janeiro, no qual se realizou a verificação final do entendimento das questões e das afirmativas propostas. Esse tipo de pesquisa pode ser classificado de acordo com as seguintes categorias[1]

a. Quanto aos fins:

Exploratória, por sua natureza investigatória e de sondagem.

Descritiva, ao apresentar as características de uma determinada população.

Explicativa, à medida que algumas dessas características são interpretadas com base em conceitos do modelo teórico.

b. Quanto aos meios:

Pesquisa bibliográfica, para a fundamentação conceitual dos temas abordados.

Pesquisa de campo, através da aplicação de um questionário a uma dada população.

O fato de a amostra ter sido coletada em apenas uma instituição, ainda que em nível nacional, poderia implicar alguma limitação à generalização dos resultados a todos os profissionais de nível superior do país. Adicionalmente, a representatividade das regiões Norte e Centro-Oeste pode ter sido afetada pela menor taxa de devolução dos questionários preenchidos. Contudo, pesquisas focadas em uma única instituição e geograficamente concentradas são comuns na prática acadêmica norte-americana. E normalmente seus resultados são utilizados em modelos representativos do comportamento de um determinado segmento social nacionalmente distribuído. Como exemplos, podem ser citados os trabalhos de Schein,[2] caracterizando o modelo das âncoras de carreira, e de Kotter,[3] investigando as novas regras do ambiente de carreiras, realizados com 44 alunos de MBA na Sloan School of Management do MIT e 115 alunos de MBA de Harvard, respectivamente.

Os resultados desta pesquisa serão integralmente apresentados, de forma consolidada ou estratificada, sendo transcritas as perguntas ou afirmativas que lhes deram origem. A numeração que precede as transcrições é a original do questionário.

Os dados de concordância e discordância com as afirmativas propostas serão consolidados e apresentados da seguinte maneira, exceto onde expresso diferentemente:

- "Discordo totalmente" ou "tendo a discordar" → consolidados como discordância.

- "Concordo totalmente" ou "tendo a concordar" → consolidados como concordância.

- "Não se aplica/Não sei/Não concordo nem discordo" → resultados desconsiderados.

Os comentários precederão a apresentação dos resultados, enfocando os pontos mais relevantes ao objetivo do estudo.

Capítulo 18

Perfil do Profissional Pesquisado

Algumas características majoritárias da amostra merecem destaque:
- Profissionais do sexo masculino (63,7%).
- Com menos de 40 anos (73,5%).
- Com menos de 15 anos de carreira (74,0%).
- Cursando MBA em Gestão Empresarial (60,3%).
- Assalariados (74,9%).
- Com função gerencial (68,3%).
- Em empresas privadas (60,4%).

Essas e outras informações, que caracterizam o profissional pesquisado, encontram-se nos quadros a seguir.

Sexo	%
Masculino	63,7
Feminino	33,8
Em Branco	2,5
Total	100,0

Faixa Etária	%
Até 25	10,3
25 a 30	25,9
30 a 35	20,6
35 a 40	16,7
40 a 45	15,2
45 a 50	8,3
50 a 55	2,5
Acima de 55	0,5
Total	100,0

Tempo de Carreira após a primeira graduação (anos)

Tempo de Carreira	%
Menos de 1	7,8
1 a 5	26,5
5 a 10	19,6
10 a 15	20,1
15 a 20	12,7
20 a 25	8,3
25 a 30	2,9
Mais de 30	1,0
Em branco	1,1
Total	100,0

Atividades profissionais remuneradas
que desempenha atualmente

Atividades	%
Nenhuma	2,9
1	86,2
2	6,9
3	2,5
4	0,5
5 ou mais	0,5
Em branco	0,5
Total	100,0

Curso em andamento na FGV

Curso	%
Gestão Empresarial	60,3
Marketing	18,1
Administração de Empresas e Negócios	9,3
Gestão Pública	6,3
Logística	2,0
Administração Esportiva	1,5
Gestão de Negócios e Tecnologia de Informação	1,0
Gestão Integrada para Excelência	1,0
Direito do Consumidor	0,5
Total	100,0

Distribuição dos componentes por cidade

Estado	Cidade	Total	%
RS	Porto Alegre	18	8,8
SC	Joinvile	18	8,8
	Outras	4	2,0
PR	Curitiba	17	8,3
	Ponta Grossa	9	4,4
	Outras	3	1,5
SP	São Paulo	3	1,5
	Campinas	9	4,4
	Outras	11	5,4
RJ	Rio de Janeiro	24	11,7
MG	Belo Horizonte	22	10,8
	Uberlândia	23	11,3
	Uberaba	6	2,9
	Outras	13	6,4
GO	Goiânia	2	1,0
	Outras	2	1,0
BA	Salvador	1	0,5
SE	Aracaju	18	8,8
PA	Belém	1	0,5
	Total	204	100,0

Distribuição dos respondentes por região

Região	Total	%
Sul	69	33,8
Sudeste	111	54,4
Centro-Oeste	4	2,0
Nordeste	19	9,3
Norte	1	0,5
Total	204	100,0

Cursos de Graduação

Graduação	%
Engenharia	26,7
Administração	17,0
Informática/Ciências de Computação	6,4
Economia	5,9
Direito	5,5
Comunicação/Publicidade	4,6
Ciências Contábeis	3,7
Agronomia	2,3
Psicologia	1,8
Arquitetura	1,4
Matemática	1,4
Letras	0,9
Outros	4,1
Em branco	18,3
Total	100,0

Número de cursos de graduação	%
1	89,2
2	8,8
3	1,5
4 ou mais	0,5
Total	100,0

Atua em uma atividade diretamente relacionada
à formação universitária?

	%
Sim	65,8
Em parte	19,1
Muito pouco	4,4
Não	7,8
Nao estou trabalhando atualmente	2,9
Em branco	0,00
Total	100,0

Natureza da ocupação principal

	%
Assalariado	74,9
Empresário	16,2
Profissional liberal/autônomo	5,9
Desempregado	2,0
Estudante	0,5
Em branco	0,5
Total	100,0

Nível hierárquico atual (só aplicável aos assalariados)

Nível hierárquico atual	%
Profissional/técnico	31,7
Supervisão	16,1
Chefia/Gerência Intermediária	44,1
Alta Administração/Superintendência, diretoria, presidência	8,1
Total	**100,0**

Tipo de empresa (só aplicável aos assalariados)

Tipo de Empresa	%
Pública	13,6
De Capital Misto	25,9
Familiar	14,8
Brasileira de Capital Privado	21,6
Multinacional	24,0
Total	**100,0**

Porte da empresa (só aplicável aos assalariados)

Número de Empregados	%
1 a 10	2,5
11 a 100	14,2
101 a 500	14,8
501 a 2.000	20,4
2.001 a 5.000	11,7
5.001 a 10.000	6,8
Mais de 10.000	29,6
Total	**100,0**

Renda bruta mensal (R$)

Renda Mensal	%
Até 1.000	2,9
1.001 a 2.000	16,7
2.001 a 3.500	30,3
3.501 a 5.000	25,4
5.001 a 7.000	16,2
7.001 a 9.000	2,0
9.001 a 12.000	2,0
12.001 a 15.000	0,5
Acima de 15.000	1,5
Em branco	2,5
Total	**100,0**

Obs.: Valores no ano 2000.

Capítulo 19

Percepções do Profissional Brasileiro sobre sua Carreira

A primeira percepção investigada foi relativa ao significado do trabalho. O objetivo foi verificar, para esse tipo de profissional, o quanto o trabalho ainda carrega de sua herança cultural como *tripalium*.

Os resultados foram significativamente contrários a essa pressuposição, conforme se pode notar pelos baixos percentuais atribuídos à alternativa "obrigação econômica".

Deve-se também observar as diferenças entre as percepções conceituais e a realidade – uma determinada parcela considera o seu trabalho atual como uma obrigação econômica, mesmo supondo que esse, em princípio, seria uma oportunidade de crescimento ou uma fonte de satisfação.

(20) Conceitualmente falando, o trabalho significa para você:

	%
Oportunidade de crescimento pessoal	64,2
Fonte de satisfação	26,5
Obrigação econômica	8,8
Em branco	0,5
Total	**100,0**

(21) Com relação a sua ocupação principal, seu trabalho atual significa para você:

	%
Oportunidade de crescimento pessoal	57,8
Fonte de satisfação	21,6
Obrigação econômica	17,2
Em branco	3,4
Total	**100,0**

Diversas características proteanas foram pesquisadas, como a questão da lealdade do profissional, da responsabilidade pela carreira e da flexibilidade temporal e espacial. Os resultados sugerem que a maioria dos profissionais já teria assimilado essas novas formas de relacionamento com a carreira, merecendo destaque a ampla maioria que se percebe como empreendedor de sua carreira (82,3%).

(38) Considero que atualmente a lealdade do profissional deve se direcionar à sua carreira, e não a uma organização.

- Discordam 30,4%.
- Concordam 54,4%.

(39) Prefiro trabalhar com horário flexível a ter horários predeterminados para início e fim das atividades profissionais.

- Discordam 13,3%.
- Concordam 77,9%.

(40) Considero interessante que um assalariado possa desempenhar suas atividades à distância (em casa), utilizando recursos de informática, sem a necessidade de ir ao escritório diariamente.
- Discordam 15,2%.
- Concordam 75%.

(46) Considero minha carreira como uma microempresa em que sou proativo na busca de clientes (empregadores ou clientes propriamente ditos de um serviço autônomo) e no desenvolvimento de produtos e de habilidades que me tornem interessante para o mercado.
- Discordam 5,9%.
- Concordam 82,3%.

(61) Considero que a administração da minha carreira (direcionamento, planejamento, desenvolvimento e avaliação) é de responsabilidade da organização em que trabalho **(só aplicável aos assalariados).**
- Discordam 84,6%.
- Concordam 3,8%.

Deve-se também notar que a grande maioria se percebe empregável (75,5%), o que seria um autoconceito coerente com as características proteanas até então verificadas. Quanto à percepção de estabilidade do vínculo empregatício, a maioria (53,8%) se sente segura, mas o percentual dos que pensam contrariamente não é irrelevante (32,1%), em especial quando esses dados são estratificados: 75,0% dos que se sentem inseguros estão em empresas privadas, incluídas as familiares e as multinacionais (representando 60,4% do total de empresas). Isso significa, em resumo, que 40% dos empregados em empresas privadas não se sentem seguros, mesmo sendo competentes.

(47) Considero-me suficientemente capacitado, flexível e adaptável para conseguir colocação fácil no mercado de trabalho (como autônomo ou assalariado).
- Discordam 8,4%.
- Concordam 75,5%.

(62) Percebo que não tenho segurança no emprego, mesmo sendo competente **(só aplicável aos assalariados).**
- Discordam 53,8%.
- Concordam 32,1%.

Capítulo 20

Autoconhecimento

Não faz parte do escopo desta pesquisa determinar o quanto o profissional conhece a si mesmo. Uma investigação dessa natureza demandaria outros instrumentos e estratégias de pesquisa que fugiriam aos objetivos aqui delimitados. Assim sendo, as perguntas deste questionário se restringiram à busca de dois tipos de informação: a utilização de recursos externos para o processo de autoconhecimento e a importância atribuída ao autoconhecimento pelo respondente.

Inicialmente, observa-se um baixo percentual de utilização de recursos externos para a primeira escolha (23,5%). A utilização de serviços especializados para a gestão da carreira apresenta um percentual ainda menor (14,7%), mas a comparação entre os dois não deveria ser feita nas mesmas bases. É necessário se considerar que o uso de testes psicológicos e orientação vocacional é muito mais disseminado que a utilização de serviços de um *coach* ou consultor para assessorar a gestão da carreira.[1]

Quanto à percepção da importância do autoconhecimento, os resultados não deixam dúvidas: 92,2% o consideram fundamental para a gestão de carreira. Não se pode, contudo, inferir que essa percepção signifique, na prática, que todos esses respondentes conheçam a si próprios em nível adequado.

(28) Fiz testes psicológicos e/ou orientação vocacional antes de ingressar na universidade.

- Discordam 67,2%.
- Concordam 23,5%.

*(29) Os testes psicológicos e/ou orientação vocacional foram úteis para o meu processo de decisão **(aplicável aos que utilizaram pelo menos um desses recursos).***

- Discordam 33,2%.
- Concordam 66,8%.

(30) Já recorri a serviços especializados (pagos) para me assessorar na gestão da minha carreira (consultoria de carreira, coaching, testes psicológicos, aconselhamento de carreira ou similares).

- Discordam 69,1%.
- Concordam 17,7%.

(44) Considero o autoconhecimento fundamental para que eu possa administrar bem a minha carreira.

- Discordam 2,5%.
- Concordam 92,2%.

Capítulo 21

Conhecimento do Ambiente de Carreira

Uma ampla maioria dos respondentes (65,2%) considerou que dispunha das informações necessárias à primeira escolha. A assertiva referente à importância do conhecimento do ambiente para a eficácia na gestão da carreira foi a única, em toda a pesquisa, para a qual não houve discordância. Nota-se que o percentual de concordância (97,5%) foi mais alto nesse caso do que no do autoconhecimento (92,2%).

(27) Quando escolhi minha profissão, através do vestibular, dispunha das informações necessárias sobre a atividade profissional que teria após a graduação.
- Discordam 26,5%.
- Concordam 65,2%.

(45) Considero que o conhecimento do ambiente profissional (tendências do mercado de trabalho, novas tecnologias, atividades em outras orga-

nizações, novas oportunidades de atuação etc.) é fundamental para que eu possa administrar bem a minha carreira.

- Discordam 0,0%.
- Concordam 97,5%.

Capítulo 22

Escolhas de Carreira

Dos oito fatores que mais influenciaram a primeira escolha, quatro receberam 86% do total de respostas. Esses são, caracteristicamente, os que mais dependem de autoconhecimento e de conhecimento do ambiente de carreiras. Em uma segunda análise, observa-se ainda que os dois fatores considerados mais importantes sugerem a busca de sucesso psicológico antes das considerações financeiras e de mercado de trabalho.

(24) Selecione os fatores (até 3) que mais o influenciaram na escolha da sua profissão, por ocasião do vestibular:

Fatores	%	
Possibilidade de autorrealização através do trabalho	62,3	
Vocação	44,6	
Perspectiva de ganho financeiro	43,6	86%
Mercado de trabalho	38,7	
Influência familiar	14,2	
Status/Valorização social	10,8	
Nenhum fator, simplesmente cumpri a obrigação de escolher algo	5,9	14%
Influência de amigos	5,4	

Quando os profissionais são apresentados a um conjunto de fatores e convidados a apontar os mais importantes no início da carreira e atualmente, observam-se alguns resultados que merecem destaque:

A possibilidade de autorrealização através do trabalho é o fator preponderante nos dois momentos, sendo ainda mais importante no estágio atual da carreira (de 55,4% para 70,1%).

- O fator econômico também cresce em importância, passando de terceiro (44,6%) para segundo lugar (53,9%).
- A liberdade/autonomia apresenta um crescimento expressivo, passando de 16,2% para 27,0%. O mesmo ocorre em relação à compatibilidade com a vida pessoal, que passa de 8,8% para 22,1%, proporcionalmente o maior crescimento dentre os fatores analisados.
- Perde importância a estabilidade no emprego (de 26,0% para 15,2%), provavelmente refletindo a percepção de que a empregabilidade seria a nova fonte de segurança para o profissional.

Esses resultados denotam o caráter mutável das necessidades e prioridades individuais ao longo da carreira & vida. Os estágios do desenvolvimento adulto, com suas variáveis internas (psicológicas e físicas) e externas (novos papéis e responsabilidades na família e na sociedade, entre outras), podem explicar as mudanças observadas.

(25) *Fatores (até 3) que considerava mais importantes por ocasião do início da vida profissional (após a 1ª graduação).*

Fatores	%
Possibilidade de autorrealização através do trabalho	55,4
Possibilidade de desenvolvimento de competências e habildades	47,5
Ganhos financeiros	44,6
Compatibilidade com a vocação	27,0
Segurança/estabilidade no emprego	26,0
Poder/possibilidade de ascender na hierarquia	16,2
Liberdade/autonomia	16,2
Jornada compatível com as necessidades de tempo livre para família, lazer etc	8,8
Status/valorização social	8,3
Localização geográfica	3,4

(26) Fatores (até 3) que considera atualmente mais importantes para uma carreira profissional satisfatória.

Fatores	%
Possibilidade de autorrealização através do trabalho	70,1
Ganhos financeiros	53,9
Possibilidade de desenvolvimento de competências e habilidades	40,7
Liberdade/autonomia	27,0
Jornada compatível com as necessidades de tempo livre para família, lazer etc.	22,1
Poder/possibilidade de ascender na hierarquia	16,7
Segurança/estabilidade no emprego	15,2
Compatibilidade com a vocação	13,2
Status/valorização social	5,9
Localização geográfica	2,5

A investigação da preferência por uma carreira corporativa, em oposição a uma autônoma, revela uma ligeira predominância da primeira (42,6%). Esse resultado difere da tendência observada entre os egressos de MBAs nos EUA, conforme descrito no Capítulo 12. Esse profissional que prefere a carreira corporativa pode estar, por um lado, valorizando a estabilidade e a segurança que algumas organizações ainda proporcionam, como também, por outro lado, pode estar encontrando condições de atingir seus objetivos pessoais de carreira mesmo dentro dos limites de uma corporação.

Essa última suposição encontra suporte na percepção da maioria dos respondentes assalariados, que afirmam conseguir compatibilizar seus interesses pessoais com os objetivos organizacionais em seu emprego atual (59,2% dos assalariados ou 45% do total de respondentes). Esses resultados estão descritos no Capítulo 26.

(35) Prefiro uma carreira numa organização (como especialista ou gerente) a uma carreira autônoma (como profissional liberal, consultor, empresário etc.).

- Discordam 36,7%.
- Concordam 42,6%.

Um número expressivo de profissionais (41,2%) afirmou ter passado por pelo menos uma redefinição de carreira. Esse seria mais um indício da flexibilidade proteana, que difere em muito da concepção tradicional de carreiras estáveis da graduação à aposentadoria. Esses resultados são compatíveis com os das pesquisas americanas relatadas por Holoviak e Greenwood e comentadas no Capítulo 12.

Outro indício dessa flexibilidade é o percentual dos que gostariam de mudar substancialmente a natureza de sua carreira (32,8%). Esse número é coerente com o dos que se declararam insatisfeitos com a vida profissional (28,0%), conforme apresentado no Capítulo 25. A expressiva concordância (84,8%) com a subordinação dos objetivos de carreira aos objetivos de vida mais amplos sugere que a motivação para tais mudanças esteja na busca de autorrealização e de sucesso psicológico. Esses resultados são coerentes com os fatores prioritários apontados nas tabelas anteriores.

(10) Quantas mudanças de carreira já realizou em sua atividade principal?

(Obs.: Mudanças para atividades de natureza diferente, como de engenheiro para empresário, economista para psicólogo etc.)

Redefinições	%
Nenhuma	58,8
1	23,5
2	9,3
3	6,4
4	1,0
5 ou mais	1,0
Em branco	0,0
Total	100,0

(31) Gostaria de mudar substancialmente a natureza da minha carreira profissional, passando a desempenhar atividades bem diferentes das atuais.

- Discordam 54,9%.
- Concordam 32,8%.

(34) Meus objetivos de carreira são condicionados pelos meus objetivos de vida mais amplos.

- Discordam 4,9%.
- Concordam 84,8%.

Capítulo 23

Planejamento e Implementação

Os três itens seguintes tiveram o intuito de verificar o quanto se planeja a carreira na prática. Os resultados podem ser expressos em três grupos:

- Os que têm um plano pessoal de carreira com metas e estratégias definidas, mesmo que não escritas (53,0%).
- Os que têm algumas noções a respeito do que desejam em suas carreiras e se preparam para as oportunidades que surgirem (25,6%).
- Os que não planejam nem têm ideia do que desejam no futuro em suas carreiras (11,2%).

A afirmativa 43 aborda a questão do planejamento de forma ligeiramente diferente, e seu resultado é coerente com os anteriores: apenas 13,8% concordam que o planejamento de carreira não é necessário – um número similar aos 11,2% que declararam não planejar sua vida profissional.

(32) Tenho um plano pessoal de carreira, escrito ou não, no qual estão definidas as minhas metas de carreira (remuneração, tipo de atividade, carga

horária de trabalho, nível hierárquico etc.) e as minhas estratégias para atingi-las.
- Discordam 33,4%.
- Concordam 53,0%.

(33) (Para quem respondeu 1 ou 2 na anterior) Mesmo não tendo um plano, sei que tipos de atividades gostaria de desenvolver no futuro (por exemplo: atividades relacionadas ao ensino, à pesquisa ou à consultoria, sem predefinição exata de qual ou quais delas), e estou me preparando para as oportunidades que surgirem.
- Discordam 11,2%.
- Concordam 76,7%.

(43) Acho que minha carreira profissional vai se desenvolvendo naturalmente, sem a necessidade de planejamento pessoal (estabelecimento de metas e estratégias de carreira).
- Discordam 74,5%.
- Concordam 13,8%.

Mais uma característica proteana pode ser notada no profissional pesquisado: a grande maioria (83,4%) tem uma postura proativa e independente na busca de capacitação. O custeio da pós-graduação em andamento é um indício prático dessa característica: apenas 24,4% dos assalariados não a estão custeando com recursos próprios. Outros 23,1% têm um desembolso parcial e 38,5% arcam integralmente com o valor do curso. O principal motivo apontado para estar na pós-graduação (69,0%) é a necessidade de adquirir, atualizar, ampliar e/ou aprofundar conhecimentos.

(55) Eu invisto, de maneira independente e com capital próprio, no desenvolvimento da minha carreira (através de cursos, treinamento, leitura, participação em congressos etc.) **(só aplicável aos assalariados).**
- Discordam 12,1%.
- Concordam 83,4%.

(63) Estou custeando minha pós-graduação com recursos próprios **(só aplicável aos assalariados).**
- Discordam 24,4%.
- Concordam 38,5%.

(23) Principal motivo que o levou a cursar essa pós-graduação:

Motivos	%
Aquisição, atualização ampliação e/ou aprofundmento de conhecimentos	69,0
Melhora minha empregabilidade	16,2
Necessidades relativas ao trabalho atual	6,9
Investir em segunda carreira (por exemplo: docência, consultoria etc.)	4,9
Mudar de emprego ou de carreira	1,0
Outros	0,5
Em branco	1,5
Total	**100,0**

Capítulo 24

Avaliação de Carreira

Os resultados em relação à avaliação de carreira sugerem mais alguns traços proteanos nos profissionais analisados. A grande maioria dos respondentes (74,7%) busca informações sobre seu desempenho no trabalho para subsidiar suas ações de desenvolvimento, tem critérios próprios para avaliar o desenvolvimento de sua carreira (63,7%) e utiliza as informações da autoavaliação e heteroavaliação como subsídios para a eficácia da gestão de sua carreira (63,6%). Os dados sugerem proatividade na busca e no uso dessas informações, como também a característica proteana de utilização de referenciais próprios para nortear a gestão da carreira.

(58) Eu busco informações sobre meu desempenho profissional de forma a subsidiar minhas ações de desenvolvimento de carreira (**só aplicável aos assalariados**).

- Discordam 12,7%.
- Concordam 74,7%.

(59) Eu tenho critérios próprios (definidos por mim mesmo no meu planejamento de carreira) que utilizo para avaliar se minha carreira está se desenvolvendo adequadamente (**só aplicável aos assalariados**).

- Discordam 17,2%.
- Concordam 63,7%.

(60) Eu utilizo as informações de avaliação da minha carreira, tanto as provenientes da organização quanto as geradas pela autoavaliação, para melhoria (via redefinição da carreira, replanejamento ou manutenção das estratégias de desenvolvimento já adotadas) **(só aplicável aos assalariados)**.

- Discordam 16,9%.
- Concordam 63,6%.

Capítulo 25

Desenvolvimento de Carreira

O primeiro fator investigado é a carga de trabalho experimentada pelo profissional, ficando caracterizado que a jornada semanal é, majoritariamente, mais extensa que o padrão de 40 horas. Apenas 26,5% dos respondentes têm essa jornada de 40 horas. A grande maioria (64,7%) trabalha mais de 42 horas semanais e um número expressivo (35,3%) ultrapassa as 48 horas.

Adicionalmente a esses dados objetivos, os respondentes também expressaram como percebem, subjetivamente, a carga de trabalho a que se submetem. Um número considerável (45,8%) se sente compelido, sutilmente ou de forma explícita, a trabalhar além da jornada normal, e um percentual semelhante (45,5%) se sente sobrecarregado com as suas tarefas. Para um contingente um pouco menor (37,2%), essa sobrecarga estaria prejudicando até mesmo suas chances de sucesso psicológico. Essas percepções são compatíveis com as jornadas de trabalho declaradas pelos profissionais pesquisados.

(12) Jornada de trabalho **semanal** (média) em atividades remuneradas (incluindo horas extras):

Horas/semana	%
Zero	3,4
Até 22	0,5
22 a 38	3,9
38 a 42	26,5
42 a 48	29,4
48 a 55	24,0
55 a 70	10,3
Mais de 70	1,0
Em branco	1,0
Total	**100,0**

(64) Sinto-me compelido, sutilmente ou de forma explícita, a trabalhar além da jornada normal.
- Discordam 41,3%.
- Concordam 45,8%.

(65) Sinto-me sobrecarregado com as tarefas que desempenho em meu emprego principal.
- Discordam 37,7%.
- Concordam 45,5%.

(49) Acho que as atribuições profissionais e as questões práticas do cotidiano me absorvem tanto que não tenho tempo de pensar na vida em termos mais amplos, como, por exemplo, se estou levando a vida que gostaria ou se vou me sentir frustrado mais tarde.
- Discordam 46,1%.
- Concordam 37,2%.

O número de mudanças de emprego fornece outro indício de características proteanas no profissional pesquisado. A maioria (59,0%) já realizou pelo menos uma mudança ao longo de sua carreira. Esse resultado sugere que o contrato proteano já seria uma realidade para muitas das empresas representadas nesta pesquisa, com a mobilidade profissional típica desse novo cenário.

A investigação das mudanças de emprego, e do tempo que se está no atual, possibilita a constatação de outras características conforme os dois subgrupos abaixo:

- 37,7% dos respondentes têm mais de 10 anos no atual emprego, a maioria em empresas públicas ou estatais. Esses seriam os profissionais provavelmente ainda regidos pelo contrato tradicional, o que se refletiria na maior duração do vínculo com a organização.

- 52,5%, ou seja, a maioria, têm menos de 6 anos no atual emprego. Esses profissionais, provavelmente os mesmos já caracterizados como proteanos em outros momentos, possuem uma trajetória composta por miniestágios de carreira compatível com o modelo teórico de Hall, apresentado no Capítulo 15.

(18) Quantas mudanças de emprego (na ocupação principal) já teve desde a primeira graduação? **(só aplicável aos assalariados)**

Mudanças	%
Nenhuma	41,0
1	21,8
2	17,3
3	11,1
4	5,6
5	1,3
6	0,6
7 ou mais	1,3
Total	**100,0**

(19) Há quantos anos está no atual emprego? **(só aplicável aos assalariados)**

Anos	%
Menos de 1	8,7
1 a 3	30,2
3 a 6	13,6
6 a 10	9,8
10 a 15	19,1
15 a 25	15,5
Mais de 25	3,1
Total	**100,0**

A caracterização prática do sucesso psicológico em uma pesquisa dessa modalidade é de difícil realização, principalmente pelo seu aspecto singular e subjetivo. No entanto, alguns fortes indícios podem ser observados nas prioridades atribuídas pelos respondentes a uma lista de aspectos que caracterizariam o sucesso profissional. A realização de um trabalho relevante e significativo obteve grande maioria (62,8%), seguido pela liberdade e autonomia no trabalho (23,5%). Esses dois aspectos, que representam 86,3% do total, sugerem um comportamento profissional norteado por critérios próprios, com foco no sucesso psicológico.

(22) Aspecto que melhor caracteriza o sucesso profissional para você:

Motivos	%
Realizar um trabalho relevante, significativo	62,8
Ter liberdade/autonomia	23,5
Renda elevada	9,3
Ter um bom relacionamento no trabalho	3,4
Ter poder	0,5
Em branco	0,5
Total	**100,0**

Quando instados a priorizar o ganho financeiro ou a satisfação profissional no início da carreira, a maioria (66,6%) se declara favorável à busca de uma atividade satisfatória. Questão semelhante aplicada em 1960 a alunos de MBA em Harvard apresentou resultados bastante diferentes, com ampla maioria (83%) priorizando o aspecto econômico.[1] Ainda segundo a pesquisa americana, passados 20 anos, 99% dos indivíduos mais bem-sucedidos financeiramente daquela turma faziam parte dos que priorizaram a satisfação profissional no início de suas carreiras.

Deve-se notar que os resultados obtidos nesta pesquisa brasileira, com maioria priorizando a satisfação profissional, são coerentes com os fatores anteriormente priorizados no Capítulo 22 (questões 25 e 26).

(42) Acho que, no início da carreira, é preferível escolher uma atividade profissional em que vou ganhar mais dinheiro, mesmo sem estar trabalhando no que gosto, do que escolher uma atividade que eu goste em detrimento

do retorno financeiro. Em resumo, primeiro ganhar dinheiro, depois buscar satisfação profissional.

- Discordam 66,6%.
- Concordam 23,5%.

A importância da questão econômica aparece de maneira mais expressiva quando se confrontam as variáveis tempo e dinheiro. Apenas 33,9% optariam, numa situação hipotética, por ter mais tempo livre do que mais dinheiro. Um percentual ainda menor (21,1%) aceitaria uma redução na renda mensal em troca de mais tempo livre. Esses resultados mostram que a maioria prioriza o aspecto econômico em detrimento do tempo pessoal, incluídos muitos dos profissionais que se declararam sobrecarregados (45,5% do total) e compelidos a trabalhar além da jornada normal (45,8% do total).

Os dados referentes à priorização de mais dinheiro em lugar de mais tempo livre reproduzem, quase exatamente, os resultados de questão semelhante na pesquisa da Roper Starch Worldwide Institute[2] realizada em diversos países. No caso do Brasil, apontou 59% de prioridade ao dinheiro e 41% ao tempo, contra 57,6% e 42,4% da pesquisa relatada neste estudo quando não são computadas as respostas indiferentes (ver observação abaixo). No *ranking* de 30 países do Roper Institute, o Brasil é o nono na priorização do dinheiro.

(36) Se eu pudesse escolher, gostaria de ter mais tempo livre do que mais dinheiro em relação ao que tenho atualmente.

- Discordam 46,1%.
- Concordam 33,9%.

    Observação: Percentuais recalculados para totalizar 100%, desconsiderando as respostas indiferentes (opção 3 de resposta), de forma a ficarem comparáveis aos do Roper Institute.

Discordam	57,6
Concordam	42,4
Total	100

(48) Eu aceitaria uma redução na minha renda mensal em troca de mais tempo livre (via redução da jornada de trabalho).

- Discordam 60,3%.
- Concordam 21,1%.

Quando solicitados a comparar as formas de progressão de carreira em uma organização, 45,2% dos respondentes tendem a considerá-las igualmente importantes. Essa percepção, característica do contrato proteano de carreira, está aparentemente se disseminando nas organizações brasileiras.

(66) Considero a progressão vertical (na hierarquia gerencial) mais importante do que a progressão lateral (em diferentes funções de mesmo nível hierárquico) e a especialização em uma carreira técnica **(só aplicável aos assalariados)**.

- Discordam 60,3%.
- Concordam 21,1%.

Um número expressivo de profissionais (63,2%) já passou por pelo menos uma grande crise de carreira, provavelmente solucionada, para grande parte desses, através de uma mudança de emprego ou de atividade, ou ainda pela redefinição da carreira. O fato é que a maioria dos respondentes (59,3%) se declara satisfeita com as atividades profissionais que está realizando atualmente. Esse resultado é bastante diferente do obtido por uma pesquisa americana na qual 90% dos respondentes se declararam insatisfeitos com sua vida profissional.[3]

(41) Já tive pelo menos uma grande crise de carreira (incerteza sobre as escolhas feitas, insatisfação com o trabalho, insatisfação com o desenvolvimento da carreira, insatisfação com o impacto da carreira na vida pessoal etc.).

- Discordam 24,5%.
- Concordam 63,2%.

(37) As atividades profissionais que realizo atualmente me proporcionam satisfação pessoal (as atividades são satisfatórias e não prejudicam minha vida pessoal extratrabalho).

- Discordam 28,0%.
- Concordam 59,3%.

Capítulo 26

O Papel das Organizações na Gestão de Carreiras

Para os profissionais pesquisados, as organizações brasileiras não conseguem prover uma série de recursos e de regras necessárias à gestão da carreira proteana. Os respondentes apontam as seguintes deficiências em relação ao contrato proteano:

- Não há um plano de carreiras formal, adequado e utilizado na prática (67,3%).
- Não são disponibilizados recursos para o planejamento da carreira (62,4%).
- Não existe uma estrutura múltipla de carreiras (57,1%).
- Não há um sistema de remuneração, reconhecimento e recompensa bem concebido e bem utilizado (65,2%).
- Não se oferecem, periodicamente, informações sobre o desempenho do profissional que possa subsidiá-lo na sua autoavaliação de carreira (58,0%).
- Não é oferecido um serviço de recolocação *(outplacement)* para os profissionais demitidos (72,0%).
- Não há um sistema corporativo de informações de carreira (65,0%).

A inexistência desses fatores tende a prejudicar a gestão da carreira proteana, por afetar principalmente as etapas de planejamento e avaliação. Por outro lado, os respondentes também apontam características favoráveis à gestão de suas carreiras:

- Oportunidades de mudar de cargo ou função, possibilitando encontrar uma atividade mais compatível (40,8%).
- Investimento na carreira do empregado através de cursos, atribuições especiais, rodízio etc. (63,3%).
- Estímulo ao aprendizado contínuo pelo contato entre profissionais de diferentes especialidades e experiências (47,1%).
- Oferecimento de atribuições e responsabilidades desafiadoras que contribuam para o desenvolvimento profissional (62,4%).
- Favorecimento aos contatos e relacionamentos que contribuam para o desenvolvimento profissional (67,5%).

É também apontada na pesquisa outra característica de grande relevância para o profissional em busca do sucesso psicológico. A maioria dos respondentes (59,2%) afirma ser possível, na empresa em que trabalham, compatibilizar seus objetivos pessoais com os objetivos organizacionais.

(50) A organização em que trabalho tem um plano de carreiras formal, utilizado na prática, que considero adequado às minhas necessidades de crescimento profissional.
- Discordam 67,3%.
- Concordam 20,8%.

(51) A organização em que trabalho oferece aos seus empregados recursos para que possam planejar suas carreiras (treinamento específico em planejamento ou gestão de carreira, coaching interno ou externo, programas de mentoring, consultoria interna ou externa de gestão de carreira ou qualquer atividade formal semelhante).
- Discordam 67,3%.
- Concordam 20,8%.

(52) A organização oferece um plano de carreira em Y, ou seja, permite que profissionais alcancem progressão funcional, salarial e de status tanto através da carreira técnica (especialista) como pela gerencial.

(Obs.: Normalmente, na ausência da carreira em Y, um profissional com perfil técnico que deseje progressão ou que é reconhecido pela sua competência técnica termina por ser levado à carreira gerencial por falta de alternativa com vantagens semelhantes.)

- Discordam 57,1%.
- Concordam 33,1%.

(53) A organização tem um sistema de remuneração, reconhecimento e recompensa bem concebido e bem utilizado.

- Discordam 65,2%.
- Concordam 23,4%.

(57) A organização me fornece, periodicamente, informações sobre meu desempenho profissional (através de avaliação formal de desempenho, feedback informal de superiores hierárquicos etc.) de forma a subsidiar minha autoavaliação de carreira.

- Discordam 58,0%.
- Concordam 31,2%.

(71) A organização oferece um serviço de recolocação (outplacement) *para os profissionais que são demitidos.*

- Discordam 72,0%.
- Concordam 13,4%.

(72) A organização possui um sistema corporativo de informações de carreira.

- Discordam 65,0%.
- Concordam 16,6%.

(54) Tenho oportunidades, na organização, de mudar de cargo ou função, possibilitando que eu encontre uma atividade mais compatível com meus interesses, habilidades e temperamento.

- Discordam 46,5%.
- Concordam 40,8%.

(56) A organização investe no desenvolvimento da minha carreira (através de cursos, treinamento, participação em congressos, tarefas especiais, rotação de cargos e funções etc.).

- Discordam 26,6%.
- Concordam 63,3%.

(67) Na organização em que trabalho consigo compatibilizar os objetivos organizacionais aos meus objetivos pessoais.
- Discordam 26,1%.
- Concordam 59,2%.

(68) A organização em que trabalho estimula o aprendizado continuo pelo contato entre profissionais de diferentes especialidades e experiências.
- Discordam 37,6%.
- Concordam 47,1%.

(69) A organização me oferece, de tempos em tempos, atribuições e responsabilidades desafiadoras que contribuem para o meu desenvolvimento profissional.
- Discordam 21,0%.
- Concordam 62,4%.

(70) A organização me proporciona contatos e relacionamentos que favorecem meu desenvolvimento profissional.
- Discordam 18,5%.
- Concordam 67,5%.

Conclusão

A sociedade do Conhecimento, cenário em que se desenvolve o fenômeno aqui estudado, foi caracterizada teoricamente e analisada em seus aspectos interdependentes *trabalho e conhecimento*. Em seguida, os conceitos de carreira e gestão de carreira foram apresentados, ficando estabelecidas as diferenças entre as abordagens clássica e contemporânea. Nesse ponto, Proteu é utilizado como metáfora para a nova carreira, o novo contrato e o novo profissional.

O Modelo EPIA, construído a partir da contribuição teórica de diversos autores e pesquisadores, possibilitou a análise da gestão de carreiras sob variados ângulos e enfoque interdisciplinar. Algumas questões normalmente implícitas ou inconscientes, como determinados aspectos psicológicos, ideológicos e culturais, puderam ser trazidas à superfície para a análise e a contextualização necessárias.

Na apresentação das etapas do modelo, o cormorão aparece como o contraponto metafórico de Proteu para a gestão contemporânea de carreira. O "profissional cormorão" foi então caracterizado como aquele que, por falta de referenciais próprios na gestão de sua carreira, termina por se distanciar do objetivo maior do novo profissional: o sucesso psicológico.

Ao longo da abordagem teórica da gestão de carreira, alguns aspectos fundamentais do modelo foram recorrentes, em especial o conceito proteano, a perspectiva integrada de carreira & vida e o conceito de sucesso psicológico. O Modelo EPIA foi o condutor lógico de toda a narrativa, bem como a referência conceitual para a pesquisa realizada.

Vertente prática

Os resultados da pesquisa foram naturalmente extensos, considerando-se o elevado número de itens do questionário utilizado. Qualquer tentativa de síntese desses resultados implica, necessariamente, omissão de uma série de informações em favor de um enfoque específico. Feita esta ressalva, é possível concluir o estudo com alguns comentários focando nos dois âmbitos de análise da gestão de carreiras: os indivíduos e as organizações.

A maioria dos profissionais pesquisados poderia ser considerada bem-sucedida, tanto pelos critérios tradicionais (como salário e progressão vertical), quanto pelos critérios proteanos (como a satisfação pessoal e o equilíbrio carreira & vida). Apresenta, como traços majoritários, diversas características tipicamente proteanas, ao lado de uma percepção bastante clara do novo contrato psicológico. Suas percepções e prioridades também sugerem expectativas elevadas em relação à carreira.

Os seguintes indícios de comportamento proteano merecem destaque:

- Valorização do autoconhecimento.
- Percepção da importância do conhecimento do ambiente de carreiras.
- Escolhas de carreira baseadas em referenciais próprios.
- Significativo número de redefinições de carreira.
- Percepção da importância do planejamento de carreira.
- Proatividade no autodesenvolvimento.
- Proatividade na avaliação da carreira.
- Significativo número de mudanças de emprego.
- Significativo nível de satisfação com a carreira.

Esses indícios são sugestivos da característica proteana, não sendo possível afirmar, no entanto, que a maioria desses profissionais efetivamente tenha um comportamento proteano. Somente com a utilização de um método de pesquisa como o etnográfico seria possível a verificação e a confirmação desse comportamento pela observação direta.

As organizações brasileiras, segundo a avaliação desses profissionais, também apresentam alguns indícios de adequação ao novo contrato. Contudo, ainda haveria muito trabalho a ser feito nas políticas e ações de Recursos Humanos relativos à gestão de carreiras, especialmente quanto às estruturas de carreira, à disponibilização de recursos e informações e ao uso da avaliação de desempenho como parte integrante desse processo.

Vertente conceitual

Através do modelo EPIA foram apresentadas as diversas etapas que compõem conceitualmente a gestão de carreira. Caracterizou-se a importância de todas essas para a eficácia do processo na abordagem proteana. Contudo, cabe ressaltar, especialmente neste momento de conclusão e síntese, um aspecto fundamental para a gestão de carreira: o autoconhecimento. Esse seria o aspecto crítico para a eficácia de todo o processo, e provavelmente o de mais complexa realização.

Conhecer a si mesmo não é uma tarefa que possa ser improvisada. Tampouco se trata de uma habilidade que possa ser desenvolvida rapidamente, a partir de um conjunto de técnicas e exercícios. E, no entanto, é o que viabiliza a escolha autêntica, indispensável à eficácia da gestão de carreira.

O homem contemporâneo encontra-se sujeito a uma série de influências sutis, como as racionalizações ideológicas e os condicionamentos culturais, que podem facilmente torná-lo instrumento de interesses alheios. Sem o conhecimento dos próprios referenciais, das suas potencialidades e do seu projeto existencial, a gestão de carreira pode se tornar um processo reativo de afastamento de experiências insatisfatórias, em vez de proativo em busca de experiências de crescimento e autorrealização. Ou um esforço ineficaz de longo prazo, com foco em uma definição impessoal de sucesso.

As influências sutis no contexto organizacional se tornam, cada vez mais, uma parte integrante dos modelos contemporâneos de gestão de pessoas. Por exemplo: no conceito de gestão por cultura, os controles normativos são internalizados tornando cada empregado o fiscal de seu próprio desempenho. Essa abordagem certamente apresenta vantagens em relação ao antigo conceito de supervisão hierárquica e controle fiscalizatório. No que diz respeito ao empregado, seria uma forma mais "adulta" de administração do seu trabalho, pressupondo confiança na capacidade humana de autocontrole e de iniciativa.

O outro lado dessa questão pode ser observado em organizações *workaholic,* nas quais o trabalho a ser feito não encontra limites físicos nem temporais e os interesses da vida pessoal e familiar são claramente colocados em segundo plano. Nessas organizações, a autonomia do empregado autocontrolado é caracteristicamente "cormorã". A cultura organizacional está de tal forma internalizada que a motivação para o trabalho, para o autodesenvolvimento e para o desempenho superior se faz presente de forma automática, levando o profissional, por exemplo, a se sentir culpado quando encerra sua jornada de trabalho e retorna ao lar no horário normal. O autoconhecimento surge, uma vez mais, como a condição essencial para se lidar com esses fatores sutis, mas fortemente influenciadores nas decisões de carreira.

O profissional proteano, conforme descrito neste estudo, apresenta as mesmas características de automotivação, autocontrole e proatividade demonstradas pelo profissional "cormorão". Com a diferença fundamental de que somente o proteano alcança a satisfação de seus objetivos de carreira & vida através delas.

Concluindo, cabe ressaltar uma definição fundamental para toda a abordagem de gestão de carreira proposta: a de sucesso psicológico. Em sua singularidade, o sucesso psicológico é mais do que a felicidade pasteurizada e instrumental onipresente nos meios de comunicação. E é mais do que simplesmente saciar pseudonecessidades criadas pela cultura do descartável. O verdadeiro sucesso é ser humano naquilo que o singulariza e o qualifica como um fim em si mesmo, um projeto que reclama autoconcretização e um microcosmo em busca de autotranscendência. Em última análise, o sucesso é simplesmente **ser** humano.

CONSIDERAÇÕES PÓS-CONCLUSÃO

Capítulo Adicional
2ª EDIÇÃO

Dialogando com a Gestão de Carreiras

O tema "gestão de carreiras" é inesgotável – como praticamente qualquer tema abrangente em ciências humanas e sociais. Inesgotável não apenas por sua complexidade, como também pelo dinamismo da pesquisa acadêmica e da aplicação prática nesse campo. A proposta de dialogar com a gestão de carreira, realizada nesse capítulo, visa colocar o tema em movimento a partir de pesquisas, debates atuais e reflexões sobre algumas práticas nesse campo.

Nas próximas páginas, esse diálogo será feito em torno de quatro tópicos cumulativos e inter-relacionados:

- A abordagem positiva em Administração e seus reflexos na gestão de carreiras.
- O debate sobre o foco em hiatos ou talentos, quando se analisa o desenvolvimento de competências.
- Reflexões sobre o *coaching* de carreira e o *coaching* executivo como práticas relacionadas à gestão de carreiras.

- Reflexões sobre o processo de mudança individual que acompanha o desenvolvimento de competências.

Abordagem positiva em gestão de carreiras

Para iniciar nosso diálogo, selecionamos uma abordagem recente no campo da Administração: a abordagem positiva. Trata-se da perspectiva científica denominada POS (*Positive Organizational Scholarship*), caracterizada pela busca da descrição, explicação e compreensão dos fenômenos "bem-sucedidos", daquilo que "funciona" em indivíduos e organizações. Essa abordagem teve como precursores a Investigação Apreciativa[1] e a Psicologia Positiva[2].

No campo da Psicologia, o contraponto entre a abordagem positiva e a tradicional é bem mais evidente, dado que o estudo das patologias psíquicas sempre foi predominante em relação ao do bem-estar. Em Administração, fenômeno semelhante é encontrado na produção científica dos principais periódicos internacionais: uma crítica com foco predominante nos aspectos disfuncionais do fenômeno administrativo e do mundo das organizações. Em contrapartida, a literatura não-científica tende a priorizar o oposto, ressaltando os casos de sucesso de executivos e de modelos de gestão. O debate sobre a POS, realizado nos últimos anos[3], evidencia as contribuições potenciais dessa nova abordagem nos estudos organizacionais e, ao mesmo tempo, a coloca como perspectiva complementar à crítica "tradicional".

É esse enfoque que nos interessa na abordagem positiva em gestão de carreiras: uma perspectiva complementar, que amplie a capacidade de descrição e compreensão do tema em sua complexidade e dinamismo. Cabe ressaltar, no entanto, que diversos aspectos positivos em gestão de carreira já foram abordados ao longo do livro. Alguns exemplos do que "funciona" na gestão da carreira individual:

- Autoconhecimento – Quanto mais abrangente a autoconsciência de referenciais internos como propósito pessoal, forças, limitações, valores e interesses, maior a possibilidade de o indivíduo fazer escolhas satisfatórias.
- Conhecimento do ambiente de carreiras – Estar informado sobre as principais variáveis externas, como mercado de trabalho, competências requeridas, entre outros tópicos, capacita o decisor a fazer escolhas sintonizadas com a realidade, além de sintonizadas consigo mesmo.

- Planejamento, implementação e avaliação – A capacidade de estabelecer metas adequadas, implementá-las conforme planejado e avaliar periodicamente os rumos da carreira, fazendo os ajustes necessários, é outra "boa prática" a considerar. Especialmente quando esse processo abrange o longo prazo e é alimentado por informações internas e externas em quantidade e qualidade adequadas.

O que mais pode ser descrito em gestão de carreiras nessa perspectiva positiva? Nosso diálogo continua com uma linha de pesquisa recente e típica da abordagem positiva. Ao lado de uma extensa produção acadêmica sobre os conflitos entre carreira e vida pessoal, passa a ser também investigado de que maneiras esses dois âmbitos podem se beneficiar mutuamente. Surge o conceito de enriquecimento ou transbordamento positivo[4] para explicar um fenômeno que sempre existiu na vida prática, mas que, provavelmente, nunca recebeu a mesma atenção acadêmica dedicada à abordagem de conflito.

A acumulação de papéis (pai/mãe, cônjuge, profissional, cidadão, entre outros) tende naturalmente a gerar uma competição por recursos, dos quais o tempo seria o mais visível. E, como consequência, esse acúmulo pode também se tornar uma significativa fonte de estresse. Esses temas são típicos da abordagem acadêmica tradicional e muito têm contribuído para a reflexão acerca da experiência laboral. Contudo, esse mesmo fenômeno de acumulação pode ser analisado em outra perspectiva: quando os papéis acumulados proporcionam, cada um, satisfação e bem-estar, a experiência global positiva tende a ser mais intensa que nos indivíduos com menor diversidade de papéis. E um fenômeno ainda mais relevante, denominado "efeito moderador", aparece quando um desses papéis está em crise. Há evidências de que um portfólio mais amplo de papéis tem um efeito, para o indivíduo, semelhante ao proporcionado por um portfólio variado de investimentos para o equilíbrio financeiro[5]. A experiência positiva nos demais papéis compensa os dissabores com um papel em crise, estabilizando a experiência subjetiva geral de bem-estar. Portanto, o desempenho de um número restrito de papéis pode reduzir o estresse, mas, em contrapartida, implica o aumento do risco de insatisfação mais generalizada.

A acumulação de papéis tende, igualmente, a proporcionar um enriquecimento da personalidade, pela diversidade de experiências e recursos pessoais neles adquiridos. Um exemplo pode ser verificado no caso de uma gerente que relata ter desenvolvido sua paciência com subordinados a partir da experiência de acompanhar, como mãe, o processo de crescimento de um ser humano[6].

Esse efeito, também denominado "transbordamento positivo", é a transferência de recursos de um papel para outro no portfólio individual. A diversidade amplia o repertório de recursos e, ao mesmo tempo, aumenta a possibilidade de transferência, enriquecendo mutuamente os papéis. Entenda-se recursos como ativos individuais que permitem lidar com situações desafiadoras. No vocabulário de gestão por competências, seriam os conhecimentos, habilidades e atitudes desenvolvidos em um papel e que poderiam ser transferidos para gerar resultados em outros. Trata-se de um mecanismo natural que é reproduzido de maneira intensiva em processos de *coaching* com o mesmo objetivo: proporcionar, ao indivíduo, o alcance de resultados a partir da mobilização de seus próprios recursos.

Há evidências, ainda, de que não apenas recursos são transferidos entre papéis. Ocorreria, igualmente, um transbordamento positivo de estados. O bem-estar proporcionado pela experiência positiva em um dado papel afetaria positivamente os demais. O contraexemplo talvez seja óbvio e faz parte do senso comum: estar mal em um papel afeta negativamente os outros. No entanto, as pesquisas sobre o fenômeno comprovam a existência e o impacto dessa "direção" menos evidente – o transbordamento positivo.

Existe, contudo, um condicionante para que o enriquecimento ou transbordamento positivo ocorra. Pesquisas demonstram que os recursos só são transferidos quando o papel beneficiário tenha elevada importância subjetiva para o indivíduo. Isso significa que os recursos de competência presentes na vida pessoal só serão transferidos para o trabalho se o papel profissional tiver relevância semelhante ou superior ao desempenhado na vida pessoal (p. ex., papel de pai, de cônjuge). O mesmo se aplica na direção contrária e em relação a quaisquer outros papéis. Voltaremos a discutir essa variável, mais à frente, quando dialogarmos sobre o processo de mudança individual.

A dimensão emocional, já mencionada no transbordamento positivo de estados, pode ser investigada mais profundamente nesse momento. Estudos demonstram que, enquanto as emoções negativas geram respostas comportamentais de "luta e fuga", as positivas geram autoconsciência e aprendizagem[7]. A promoção de experiências positivas em situações como a avaliação de competências e desempenho seria, portanto, uma prática recomendável, se considerarmos que a avaliação tem como objetivo a melhoria.

O foco em déficits de desempenho e lacunas de competência, muito comum em práticas de gestão por competências, teria um efeito colateral indesejável quando utilizado de maneira isolada, sem o feedback positivo. A resposta de "luta e fuga" produzida pelas avaliações tradicionais pode ser percebida, na prática, pela baixa motivação com que avaliadores e avaliados normalmente se submetem à experiência: uma vez por ano e de maneira rápida e protocolar. Esse desconforto tende a ser agravado pelo traço relacional e pela tendência à relativização dos desempenhos, característicos da cultura brasileira[8]. O traço relacional é confrontado ao risco que uma avaliação negativa traz para os relacionamentos no ambiente de trabalho. E a relativização, que atribui às circunstâncias parte significativa das causas de determinado desempenho, restringe a percepção de legitimidade dos processos de avaliação, dificultando sobremaneira sua aplicação.

Sem desconsiderar a importância do feedback negativo*, pesquisas recentes demonstram que a falta do feedback positivo reduz as oportunidades de aprendizagem potencialmente presentes nos momentos de avaliação. O fortalecimento da autoconceito do avaliado, a partir de feedbacks genuínos e oportunos sobre desempenho e recursos pessoais, tem efeito positivo nos processos de mudança pessoal[9]. Mudanças essas que são o objetivo final de todo o investimento nas práticas corporativas de desenvolvimento de competências.

A Figura D1 traz elementos adicionais para esse ponto de nosso diálogo. Nela está representada a relação entre percepção de recursos pessoais e percepção do desafio. Criado para representar as condições predisponentes à experiência de fluxo**, que é um estado de máximo desempenho, o diagrama apresenta também dois estados favoráveis à aprendizagem: os de ativação e controle.

Uma constatação possível é de que a ampliação do autoconhecimento, proporcionada pelos feedbacks positivos, amplia a consciência dos recursos internos disponíveis. Como consequência, torna-se mais provável alcançar o quadrante de ativação (nível intermediário de recursos e alto desafio), favorável à aprendizagem e, consequentemente, à aquisição de novos re-

---

* Por feedback negativo, entenda-se o dirigido aos problemas e deficiências identificados pelo avaliador. O feedback positivo, por outro lado, seria o direcionado aos pontos fortes e aos sucessos do avaliado.

** Estado positivo de completo envolvimento com uma tarefa, desempenhada sem esforço e com pleno domínio (CSZIKZENTMIHALY, 1999).

cursos. Eventualmente, o indivíduo poderia alcançar o próprio estado de fluxo. Em contextos de alto desafio, como costumam ser as organizações contemporâneas, a percepção de dispor de recursos internos torna-se, portanto, determinante para a aprendizagem, os resultados e o bem-estar.

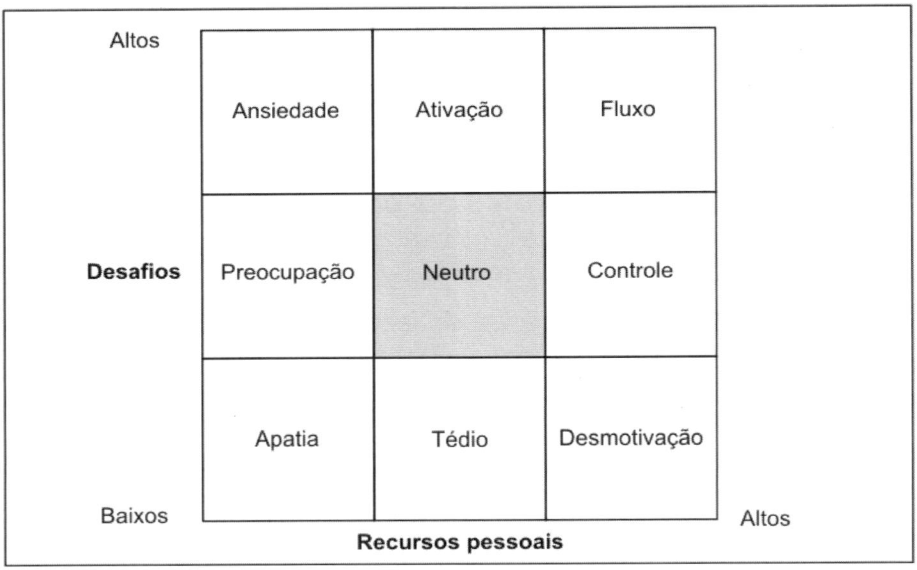

	Recursos pessoais		
Desafios Altos	Ansiedade	Ativação	Fluxo
	Preocupação	Neutro	Controle
Baixos	Apatia	Tédio	Desmotivação
	Baixos		Altos

Adaptado de Csikszentmihalyi (1999).

Figura D1 – Estados decorrentes da percepção de recursos *versus* desafios.

Retomando o conceito de profissional proteano, amplamente discutido em capítulos precedentes, há estudos que sugerem uma significativa ligação entre autoconhecimento ocupacional e percepção subjetiva de sucesso[10].

A capacidade de gerenciar a própria carreira é necessária, porém insuficiente para tal percepção de sucesso, precisando ser mediada pela autoconsciência dos recursos e dos referenciais internos. Trata-se de mais uma evidência do benefício do feedback positivo para indivíduos e organizações, considerando-se que profissionais satisfeitos geram melhores resultados[11].

Outro dado potencialmente útil para indivíduos e organizações é a evidência de que investir no desenvolvimento de uma atitude proteana, capacitando os profissionais a gerenciar sua própria carreira, impacta favoravelmente os resultados para todos os envolvidos. Especialmente, se associada à prática do feedback positivo e de outras ações que ampliem o autoconhecimento ocupacional. Seguindo essa lógica, um estudo realizado no Brasil descreve um conjunto de práticas organizacionais voltadas ao autogerenciamento de carreira, incluindo ações para promover o autoconhecimento ocupacional. O estudo compara, ainda, o que algumas empresas brasileiras e internacionais estão realizando nesse âmbito, apresentando indícios de pouco investimento em tais práticas nas organizações locais[12].

Nesse ponto do diálogo, vale a pena reiterar um aspecto fundamental da abordagem aqui utilizada: o foco nos aspectos positivos do fenômeno não significa adotar uma "perspectiva Poliana"[13] na vida organizacional. Significa, em realidade, ampliar a capacidade analítica por enfocar, intencionalmente, os aspectos positivos e saudáveis do fenômeno, sem desconsiderar as disfunções que possam se apresentar. Um exemplo típico dessa dupla perspectiva pode ser encontrado na questão da flexibilidade nas organizações, em especial a que se refere a horários e jornadas de trabalho. Numa primeira análise, são evidentes as vantagens de tais práticas, que possibilitariam melhor compatibilização entre trabalho e vida pessoal. A perspectiva crítica tradicional encontra, por sua vez, indícios de mecanismos corporativos de domínio do tempo que transformariam a flexibilidade em "flexploração"[14]. Uma abordagem mais abrangente pode, no entanto, revelar aspectos inusitados e paradoxais da questão, conforme pesquisa recente realizada no Brasil. Um entrevistado relata que, em sua organização, *"todos são obrigados a almoçar entre 13 e 14 horas. Em tempos de jornadas de trabalho flexíveis e de teletrabalho, essa regra soa absurdamente anacrônica e arbitrária"*. Mas o próprio entrevistado esclarece a racionalidade sob o aparente absurdo:

> *"Os profissionais dessa empresa estão satisfeitos com a regra, pois ela lhes permite almoçar todos os dias e, além disso, almoçar sem interrupção pelo celular. Todos na organização, bem como clientes e fornecedores, estão cientes de que ninguém está disponível para atividades profissionais nesse horário"*.

E o autor do estudo conclui:

> *"Esse exemplo é bastante elucidativo do quão paradoxais podem ser as racionalidades vigentes no cotidiano organizacional. Cotidiano em que a simples possibilidade de almoçar tranquilamente, todos os dias, se torna um 'benefício' valorizado"*.[15]

Esse exemplo real é bastante elucidativo de como uma perspectiva mais abrangente, tanto positiva quanto negativa, pode contribuir para ampliar a compreensão dos fenômenos investigados. Por tendência natural, resultante de sua história evolucionária, o ser humano tem muito mais facilidade para detectar os aspectos negativos que os positivos em seu ambiente[16]. Essa predisposição atávica, de utilidade indiscutível no passado evolucionário, pode ser limitante em muitos contextos atuais. Desenvolver o foco nos aspectos positivos seria, portanto, uma habilidade complementar bastante útil à compreensão dos fenômenos contemporâneos, complexos e paradoxais.

Há que se considerar, ainda, que esse foco preferencial no negativo tende a ampliar a capacidade de encontrar ainda mais aspectos negativos do fenômeno analisado, por enviesar a percepção. Esse efeito é demonstrado pela "Escada de Inferências", modelo criado por Chris Argyris para descrever como os pressupostos sobre um dado fenômeno afetam a percepção, favorecendo tendenciosamente a seleção de evidências que comprovem tais pressupostos. A adoção de uma perspectiva positiva, em complemento à negativa, naturalmente ampliaria a percepção das múltiplas e, por vezes, paradoxais formas de manifestação do fenômeno investigado. Ademais, identificar e resolver problemas não garante a criação de uma situação positiva. Assim como a denúncia das assimetrias de poder e das injustiças, tão necessária nos estudos organizacionais, nem sempre é capaz de apontar alternativas às práticas denunciadas.

Poderíamos dizer, ainda, que a abordagem adotada nesse diálogo é também a de crítica em uma acepção fenomenológica. Crítica entendida como "apreciação em perspectiva"[17], que utiliza diferentes enfoques na investigação e comporta tanto os aspectos positivos quanto os negativos. E vai além, ao considerar também os aspectos paradoxais do fenômeno investigado. Estudo recente sobre os sentidos do trabalho corporativo[18] demonstra que tais paradoxos, como o da citada flexibilidade versus rigidez de horários, não apenas estão presentes, como são um traço característico do atual cenário corporativo.

Retomando o exercício de uma abordagem positiva associada a essa perspectiva crítica, entraremos em um debate bastante atual sobre o desenvolvimento de competências: foco em talentos versus foco em hiatos de competência. Esse é o diálogo que estabeleceremos a seguir.

Desenvolvimento de competências: foco em hiatos ou em talentos?

A abordagem predominante de gestão por competências baseia-se no pressuposto de que desenvolvimento significa redução de áreas de incompetência. Práticas organizacionais são estruturadas para avaliar essas lacunas ou hiatos individuais e promover o seu "fechamento" via programas de educação corporativa. Essa abordagem costuma dar retorno para as organizações, mas a questão central seria: esse retorno é o melhor possível? Um estudo internacional[19] realizado com mais de 2 milhões de pessoas argumenta que essa não é a abordagem mais efetiva. O investimento em talentos traria um retorno mais rápido e mais expressivo, por uma série de razões que analisaremos em seguida.

Primeiramente, é necessário definir o que entendemos como talento. Talento é o mesmo que aptidão: capacidade inata, facilidade para desenvolver uma dada competência. Os talentos são únicos na forma como se combinam e se apresentam em cada indivíduo. A boa notícia é que todos possuem talentos. A má é que poucos os conhecem e os utilizam plenamente. Quem possui talento musical, para idiomas ou para o raciocínio matemático percebe o efeito dessas aptidões no processo de aprendizagem. Primeiro, pela facilidade e rapidez com que ela ocorre, em comparação com as pessoas em geral. Segundo, porque normalmente esse aprendizado é prazeroso, motivante.

Investir em talentos é, portanto, direcionar esforços para uma área em que os resultados são mais rápidos, mais prazerosos e de melhor qualidade. Em termos biológicos, significa aprender reforçando conexões sinápticas existentes, responsáveis pelas aptidões ou talentos. Trata-se de um processo muito mais eficiente do que aprender criando conexões novas[20].

As constatações da experiência cotidiana e as evidências científicas apontam na mesma direção: investir em talentos é a alternativa de melhor retorno. Então por que indivíduos e organizações tendem a direcionar esforços para suprir hiatos de competência? Não há resposta única para a questão, mas certamente podemos dialogar sobre possibilidades. A primeira delas é que o foco em talentos requer um processo de recrutamento e seleção muito bem desenhado, que garanta a captação de profissionais adequados. E depois, uma mobilidade de pessoal que permita, à organização, adequar rapidamente o perfil de sua força de trabalho às mutáveis demandas do mercado. Um talento muito valorizado, em dado momento, pode se tornar irrelevante poucos anos depois. Assim como novas competências podem ser necessárias, por exemplo, a partir de mudanças na estratégia corporativa. Certamente, nem todas as empresas podem e querem ter tal mobilidade, que implicaria uma rotatividade elevada e outros impactos na gestão de pessoas.

Do ponto de vista individual, a opção de investir em talentos ou hiatos requer, do mesmo modo, uma análise cuidadosa. Em princípio, vale a lógica de que investir nas aptidões seria um esforço mais compensador. No entanto, há situações em que o profissional pode depender da redução de um hiato de competência para, por exemplo, conseguir uma promoção, conquistar um emprego ou mesmo para nele se manter. Há casos em que o impacto dessa lacuna pode ser de tal magnitude que todos os talentos terminam ofuscados por ela. Um profissional tecnicamente diferenciado, mas com dificuldades de comunicação em público, ou um gerente criativo e empreendedor, com dificuldades de relacionamento, seriam exemplos desse "calcanhar de Aquiles" profissional impactando toda a carreira.

Certamente, em situações como essas, o investimento em hiatos de competência deixa de ser uma opção para se tornar uma necessidade. Quando isso ocorre, tanto para indivíduos como para organizações, o objetivo não é mais o desenvolvimento, em sentido estrito, passando a ser o "controle de danos". Investir em hiatos seria, nesse caso, uma ação remediativa para permitir que os talentos existentes sejam utilizados e apreciados em todo o seu potencial.

Uma reflexão possível, nesse ponto, é de que o investimento em hiatos ou talentos não precisa ser uma escolha dicotômica. Em muitos casos, a abordagem mais adequada talvez fosse encará-la como um *continuum* de possibilidades, em que as opções individuais e organizacionais estariam em algum ponto intermediário que atendesse às especificidades de cada caso. Buscar esse ponto, considerando o maior retorno dos talentos e a eventual necessidade de controle de danos, pode ser mais produtivo que adotar sempre uma abordagem exclusiva. A grande contribuição do citado estudo sobre talentos é trazer à discussão, de forma fundamentada, o foco no positivo também para o desenvolvimento de competências. E com isso ampliar as possibilidades analíticas e reflexivas a respeito desse tema.

Foco em talentos e em outros recursos pessoais é assunto que continua em nosso próximo diálogo.

Coaching *de carreira* e coaching *executivo*

Coaching, em definição breve, é um processo individualizado de desenvolvimento de competências para a realização de uma meta. No entanto, esse processo tem características que o tornam uma estratégia diferenciada de desenvolvimento:

Definição da meta – Cada processo tem um objetivo claramente estabelecido em seu início. Essa meta atende a critérios como especificidade, dimensão adequada, mensurabilidade, relevância e controle pelo cliente.

Duração definida – A meta está sempre associada à duração do processo que, em média, é realizado em 10 sessões semanais de 1 hora.

Mobilização de recursos pessoais – O desenvolvimento de competências, em *coaching*, tem como ponto de partida os recursos disponíveis no repertório do próprio cliente. Esses insumos podem ser conhecimentos, habilidades e atitudes, como também estratégias comportamentais que produzam resultados positivos.

Não-diretividade – O *coach* é um facilitador da mobilização de recursos do cliente. Sua ferramenta básica é a habilidade de formular perguntas que levem o cliente a ampliar sua capacidade de analisar seu problema. E, nesse processo, o próprio cliente se habilita a formular suas soluções e decisões. Isso significa que o *coach* não pode decidir pelo cliente, tampouco propor respostas para seus desafios. O pressuposto é que as melhores soluções são as formuladas pelo próprio indivíduo, que conhece em detalhes seu problema e possui os critérios a serem atendidos. Em resumo, o *coach* facilita o processo e o cliente fornece o conteúdo.

Foco na solução – Mesmo que o processo tenha início na investigação do problema, o foco estará sempre no que o cliente deseja em lugar da situação atual. E a identificação de obstáculos internos e externos à realização da meta será imediatamente sucedida pela prospecção de recursos para superá-los.

Nesse ponto, fica evidente a maneira como o *coaching* se insere em nosso diálogo sobre a abordagem positiva. Interessante notar que essa abordagem apresenta as mesmas características propostas para o diálogo:

a) Uma perspectiva inclusiva, que investiga o problema (foco no negativo) em busca de dados e, principalmente, prospecta recursos para formular a solução (foco no positivo).

b) Em processos bem conduzidos, é também capaz de fazer uma apreciação em perspectiva (crítica), sem julgamentos e interpretações.

Vamos, então, discutir duas modalidades de *coaching* diretamente relacionadas à gestão de carreira. A primeira, o *coaching* executivo, é a mais conhecida e disseminada no Brasil. Seu foco é o desenvolvimento de competências para o alcance de resultados na função executiva. Em que pese a característica predominantemente positiva da técnica, por seu foco em soluções e em recursos, o *coaching* executivo pode ser utilizado de duas maneiras bem distintas. Pode ser contratado para reduzir uma determinada lacuna de competência, como também para aprimorar, ainda mais, um talento pessoal. Esse último caso é típico de empresas que investem em indivíduos com alto potencial, visando prepará-los para futuros desafios na carreira executiva.

Ainda que o processo seja o mesmo, os resultados podem ser bem diferentes, em função do seu objetivo final (reduzir hiatos ou aprimorar talentos). Especialmente, quando o cliente vem por determinação da empresa e entende que o processo é um "remédio" para seu problema. Como o aspecto motivacional é determinante para o sucesso dessa metodologia, a maneira como o serviço é contratado pelas organizações e comunicado internamente torna-se um fator crítico.

O *coaching* de carreira, por sua vez, trabalha um conjunto mais abrangente de metas relacionadas à vida profissional. Desde o processo decisório associado à carreira (primeira escolha, redefinição de carreira, planejamento) até o desenvolvimento de variadas competências necessárias no momento atual ou no futuro. Passando, ainda, por questões como insatisfação com a carreira, preparação para uma nova função, preparação para a aposentadoria e dúvidas quanto aos rumos profissionais.

Por se tratar de um processo de reflexão que, com frequência, trabalha o binômio carreira & vida pessoal, o *coaching* naturalmente tematiza a questão dos múltiplos papéis. Mais uma vez, a diversidade de experiências do cliente em seus diferentes espaços de expressão pode ser abordada sob enfoque positivo. Com a acumulação de papéis, o indivíduo naturalmente desenvolve e utiliza diferentes recursos pessoais. E esses recursos nem sempre são percebidos, de imediato, como úteis em outros contextos. O processo de *coaching* potencializa essa transferência, à medida que o *coach* propositalmente prospecta os recursos disponíveis e sabe como facilitar sua utilização em outros papéis.

Todos esses pressupostos e princípios metodológicos são destinados à utilização em um atendimento individual, totalmente personalizado. No entanto, podem ser também utilizados para se trabalhar com várias pessoas simultaneamente. O *coaching* de grupo é a maneira mais conhecida de operacionalizar os princípios e pressupostos do processo individual para o uso coletivo. O principal pré-requisito para seu estabelecimento é a existência de uma meta compartilhada pelo grupo. O *coach*, mais uma vez, atua como facilitador desse processo que envolve, entre outras etapas, a identificação e o desenvolvimento dos recursos coletivos para a construção conjunta de soluções.

A segunda forma de utilização coletiva da metodologia seria o *coaching* em grupo. A sutil diferença de preposições – de e em – serve para estabelecer as características específicas das duas abordagens. O *coaching* em grupo é uma metodologia para o desenvolvimento de competências em sala de aula, na qual os participantes têm como meta desenvolver uma mesma competência. Essa solução educacional busca, então, criar oportunidades para que cada participante mobilize seus recursos e trabalhe questões específicas. Por exemplo, uma turma pode estar desenvolvendo a competência liderança e, individualmente, cada aluno tem a oportunidade de desenvolver habilidades que priorize, como dar feedback, negociar metas e melhorar a empatia. Certamente, essa especificidade tem limites, mas a metodologia permite que se criem situações de aprendizagem com razoável grau de personalização. Cabe ressaltar que o *coaching* em grupo não é um substituto para o individual. É uma estratégia para o desenvolvimento de competências em sala de aula, que pode ser utilizada como alternativa ou complemento a métodos como estudos de caso, simulações e jogos de negócio.

Com essas considerações sobre o *coaching* em grupo, retomamos a temática do desenvolvimento de competências para abordá-la sob outro enfoque: o da mudança.

Desenvolvimento de competências & mudança pessoal

Competência, em um dos conceitos mais utilizados no mundo organizacional, significa capacidade de produzir resultados, de forma consistente, a partir de conhecimentos, habilidades e atitudes. Nesse conceito subjaz a ideia de que produção intencional e sustentável de resultados só é possível quando o indivíduo compreende as bases conceituais da tarefa realizada (conhecimento = saber), quando tem a capacidade para transformar ideias em ações (habilidade = saber fazer) e quanto tem uma postura favorável ao desempenho planejado (atitude = querer fazer). Quando se trata de competências humanas*, o resultado do desenvolvimento seria uma mudança comportamental do indivíduo, observável em sua forma de agir e de produzir resultados.

Partimos desse raciocínio para propor que o desenvolvimento de competências via estratégias como *coaching* e cursos comportamentais é, em essência, um processo de mudança pessoal. Como consequência, o sucesso dessas estratégias dependerá, fundamentalmente, de seu êxito em promover as mudanças desejadas. Portanto, a pergunta chave que consultores, *coaches* e demais profissionais de desenvolvimento de pessoas deveriam articular seria: o que contribui para que uma ação de desenvolvimento** realmente desenvolva?

Certamente, a resposta a essa questão não é trivial. E não é objetivo desse capítulo tratar desse tema com a abrangência que ele requer. No entanto, é possível dialogar sobre a mudança numa perspectiva positiva, utilizando-se referências científicas e apontando requisitos para o êxito dos esforços nesse sentido. É com esse intuito que dialogaremos, a seguir, sobre alguns desses requisitos, tornando-os "visíveis" e disponíveis à análise. Vamos a eles:

1. Viabilidade da mudança

Algumas características pessoais são mutáveis, enquanto outras seriam praticamente inalteráveis[21]. Em sua obra clássica sobre a inteligência emocional, Daniel Goleman destaca, em um de seus subcapítulos, que "tempera-

---

* Utilizamos o termo competência humana como um contraponto à competência técnica. Entenda-se competência humana com aquela que todo indivíduo possui, ainda que de forma não desenvolvida, como liderança, proatividade, tomada de decisão, criatividade, assertividade, entre outras.

** Definimos ação de desenvolvimento como qualquer solução educacional (p. ex., curso, *workshop*, seminário) ou técnica (como *coahing* e *mentoring*) destinada a desenvolver conhecimentos, habilidades e atitudes.

mento não é destino"[22]. Afirma que mesmo um aspecto profundo da personalidade, como este, é passível de mudança. No entanto, outros especialistas entendem o temperamento como uma característica individual imutável[23].

Alguns autores afirmam, por exemplo, que a introversão seria uma característica bastante estável na personalidade, respondendo pouco aos esforços de mudança. Entretanto, não há consenso sobre essas afirmações e, ao mesmo tempo, há exemplos de indivíduos muito introvertidos até o início da fase adulta que, após alguns anos de terapia, se tornaram caracteristicamente extrovertidos nas interações sociais*.

Uma ampla pesquisa internacional sobre o tema estabelece um ranking de mutabilidade para uma série de características comportamentais – desde as mais suscetíveis à mudança, como as fobias, até as totalmente imutáveis, como a identidade sexual[24]. No meio da escala, encontram-se características como agressividade, depressão e ansiedade, com graus variados de dificuldade no processo de mudança.

A contribuição dessas pesquisas está em trazer ao diálogo a questão da viabilidade das mudanças planejadas através de determinadas ações de desenvolvimento. Algumas considerações já podem ser feitas nesse ponto do capítulo: a aquisição de conhecimento é um processo comparativamente rápido e simples; o desenvolvimento de determinada habilidade terá facilidade proporcional à aptidão que o indivíduo apresente; e a mudança de atitude** será tão mais viável quanto mais motivado o indivíduo estiver para mudar.

No entanto, além da aptidão e da motivação, outro fator pode influenciar significativamente a mudança. Trata-se, novamente, do temperamento. Desenvolver habilidades de comunicação com grupos, para um introvertido, ou desenvolver uma atitude empreendedora, para alguém que valoriza segurança e estabilidade, será um desafio maior que para indivíduos extrovertidos e com alta tolerância ao risco, respectivamente. Um temperamento incompatível não inviabiliza a mudança; no entanto, desconsiderar seu impacto certamente resulta em ações de desenvolvimento ineficazes, como cursos que informam, mas não produzem mudanças sustentáveis.

---

* Relato de um cliente de *coaching* sobre sua história de vida, em entrevista feita pelo autor para subsidiar esse tópico de estudo.

** Atitude, conforme sua acepção na Psicologia Social, é postura, predisposição ao comportamento. Também pode ser entendida como o conjunto de crenças e valores de um indivíduo sobre determinado assunto, que resultam em motivação para agir (querer fazer) ou para desempenhar um papel (querer ser).

Uma ação de desenvolvimento adequada deveria, primeiramente, reconhecer a influência dessa variável – o temperamento – no processo de mudança. E, em seguida, planejar uma alternativa comportamental que atenda aos resultados desejados e, ao mesmo tempo, preserve princípios e valores expressos pelo temperamento. Ajustar as expectativas dos envolvidos no processo e "calibrar" a meta são ações complementares indispensáveis, significando que um introvertido dificilmente será um comunicador carismático, mas pode ser um bom palestrante. E um empreendedor cauteloso pode não se tornar um bilionário, mas provavelmente encontrará oportunidades de criar e manter negócios que atendam a seus critérios de exposição ao risco. Um processo de *coaching*, por exemplo, pode promover esse tipo de reflexão, possibilitando a construção de respostas comportamentais que atendam às especificidades de cada indivíduo.

Em síntese, informar-se sobre a dificuldade da mudança de determinada característica individual é um dado fundamental para o êxito do processo. E mesmo para os aspectos mais difíceis, como o temperamento, planejar a mudança de forma singularizada (entendendo os critérios de cada indivíduo) e inclusiva (ajustando o resultado comportamental às preferências individuais) pode viabilizar um processo que dificilmente teria sucesso com outra abordagem.

2. Importância subjetiva do papel

Provavelmente, esse é o item menos evidente da lista, considerando-se os critérios usualmente empregados para se pensar estratégias de mudança individual. No entanto, sua influência está longe de ser negligenciável, conforme o já citado estudo sobre transferência de recursos entre papéis. A pesquisa sugere que essa transferência só ocorre quando o papel destinatário tenha relevância subjetiva para o indivíduo. Por exemplo, quando o papel profissional é claramente instrumental e subordinado aos demais (percebido apenas como provedor econômico para o papel de pai, cônjuge e cidadão), provavelmente será exercido em nível sub-ótimo, no limite do necessário à manutenção do emprego. Esse raciocínio é consistente com a teoria da expectativa[25], considerando-se o "cálculo" individual do retorno aos esforços de mobilização de recursos.

Mas de que maneira essa constatação afetaria a mudança individual? A resposta está na forma como ocorre a mudança a partir do desenvolvimento de uma competência. Já vimos que a mudança individual pode ser entendida como um processo em que os recursos do próprio indivíduo são prospectados, transferidos e recombinados de maneira a produzir a resposta comportamental desejada. Por essa razão, a importância subjetiva do papel profissional torna-se determinante para o sucesso do desenvolvimento de competências. Caso o indivíduo não valorize esse papel, a transferência será comprometida ou mesmo inviabilizada. Vale notar, ainda, que a percepção de importância é diretamente afetada por questões como a adequação do indivíduo à tarefa, sua motivação em realizá-la e o sentido que atribui a seu trabalho.

3. Crença na possibilidade

Ainda que a mudança seja, em princípio, factível, acreditar em sua impossibilidade cria condições desfavoráveis ao desenvolvimento de competências. Pesquisas sobre a autoeficácia[26] fornecem evidências para essa relação causal entre crença e resultados, explicada pela baixa mobilização de recursos do indivíduo que não acredita na possibilidade de mudar. Os recursos que poderiam promover a mudança ficam inconscientemente à margem do processo, inviabilizando-o e confirmando o pressuposto inicial de impossibilidade.

Contudo, não apenas a crença do próprio indivíduo impacta o processo. Os pressupostos do facilitador, seja ele um *coach*, seja um instrutor, interferem de maneira decisiva nos resultados. Para ilustrar como isso ocorre, vamos recorrer a um experimento bem conhecido na literatura de Comportamento Organizacional[27] sobre o denominado "Efeito Pigmalião".

Um grupo de pesquisadores convidou um professor para participar de um experimento de aprendizagem com duas turmas de alunos. Informaram a ele que a turma A era composta por alunos motivados e inteligentes e que os da turma B eram menos brilhantes e pouco interessados em aprender. Transcorrido o ano letivo com suas aulas e provas, vêm os resultados: turma A com média significativamente maior que a B nas avaliações de aprendizagem. Os pesquisadores relataram, então, ao professor, o que estava sendo realmente investigado. E lhe passaram a informação-chave de que as duas turmas eram, no início do experimento, estatisticamente idênticas. Ou seja, não havia qualquer diferença significativa de motivação ou QI médios entre as turmas A e B. O que, então, provocou tamanha disparidade de resultados? O denominado Efeito Pigmalião. O professor estava tão convicto de seus pressupostos sobre as turmas que naturalmente, e de maneira não intencional, se comportou diferentemente com elas. E mais – seus comportamentos comunicaram sutilmente suas crenças aos alunos e estes, por um natural ajuste às expectativas, regiram de forma coerente com essas crenças.

Esse conhecido experimento, reproduzido em diversas ocasiões, é bastante esclarecedor na demonstração de como crenças ou pressupostos afetam não apenas quem os tem, como também a seus interlocutores. Ao transpor essa constatação ao nosso diálogo, fica claro que os pressupostos do facilitador da mudança são inexoravelmente comunicados em suas ações, afetando significativamente os resultados. Concluindo sob um enfoque positivo, podemos dizer que uma convicção plena do facilitador na possibilidade de mudança de um cliente ou aluno, aliada à convicção de que este (aluno ou cliente) tem recursos pessoais para realizá-la, é pré-requisito para o êxito do processo. Em resumo, um *coach* e um instrutor que buscam eficácia devem se ocupar não apenas do que fazem, mas também do que pensam a respeito do que fazem.

4. Motivação

A motivação individual para o desenvolvimento de competências pode ser sintetizada em duas perguntas fundamentais: O que ganho com a mudança e o que perco por não realizá-la? Trata-se de um "cálculo", frequentemente inarticulado, que o indivíduo realiza quando se defronta com o esforço demandado para mudar.

Quando se pensa em mudança, geralmente o comportamento "disfuncional" está bem caracterizado e o indivíduo é capaz de descrevê-lo em detalhes. No contexto organizacional, também é comum encontrar-se descrições detalhadas do comportamento desejado, capaz de produzir resultados para a empresa. E o senso comum caracteriza a dificuldade de mudar ao associá-la à ideia de "sair da zona de conforto". No entanto, o que nem sempre se considera nessa análise são os ganhos do indivíduo com seu comportamento atual. Todo comportamento habitual, mesmo os que trazem efeitos negativos para o indivíduo e para os outros, tem sempre uma intenção. E essa intenção, muitas vezes inconsciente, é sempre positiva para o autor do comportamento. Ou seja, mesmo comportamentos inadequados, do ponto de vista ético, da civilidade ou de resultados, proporcionam algo positivo para quem os tem.

Identificar a intenção positiva de um comportamento indesejável pode ser um elemento chave para o processo de mudança. O pressuposto é que o novo comportamento deve atender aos critérios sociais de adequação (como ética, civilidade, resultados) e, ao mesmo tempo, atender à intenção positiva do comportamento atual. Processos de *coaching* bem estruturados trabalham cuidadosamente essa questão durante a formulação, pelo cliente, de novas estratégias comportamentais.

Há situações, ainda, em que os ganhos e perdas com o comportamento atual são claros, mas os benefícios do novo comportamento, nem tanto. Especialmente, quando as perdas atuais são toleráveis ou administráveis. Nesses casos, apenas o efeito Popeye[28] pode gerar a motivação necessária à mudança. Esse efeito, metaforicamente emprestado ao personagem infantil, é o "basta!" interno resultante do acúmulo de perdas provocadas pelo comportamento atual. Os efeitos negativos atingem o limite do tolerável e, nesse ponto, o indivíduo tem motivação suficiente para buscar alternativas comportamentais.

Abordar a questão motivacional em processos de mudança requer, portanto, atenção a esse "balanço" interno de ganhos e perdas e à intenção positiva sob o comportamento. Elementos que precisam ser considerados no desenho da ação de desenvolvimento – assunto abordado a seguir.

5. Qualidade da ação de desenvolvimento

A qualidade intrínseca é o aspecto mais evidente quando se pensa na eficácia de uma ação de desenvolvimento. Refere-se, basicamente, aos cuidados na formulação e à maestria na execução do que foi formulado. Dentre as várias características de uma ação bem concebida, uma das primeiras seria sua adequação ao indivíduo em desenvolvimento. Em outras palavras, sua capacidade de se ajustar às singularidades e às demandas individuais, mesmo quando dirigida simultaneamente a diversas pessoas. Cabe ressaltar que estamos nos referindo a mais que um ajuste ao perfil demográfico do cliente e aos objetivos declarados por esse público. Englobamos também nesse critério as preferências de aprendizagem, o temperamento e os variados recursos pessoais que cada participante apresenta.

Apesar do caráter desafiador dessa proposta de personalização, até mesmo um curso pode ser formulado para comportar, com flexibilidade, o atendimento a algumas singularidades dos alunos. Essa flexibilidade que pode manifestar desde a utilização dos recursos didáticos até a própria metodologia. Cabe aqui lembrar o *coaching* em grupo como exemplo, já citado, de metodologia intrinsecamente flexível para a personalização do processo de mudança.

Assegurada a qualidade na formulação, resta o cuidado na entrega da ação de desenvolvimento. A execução pode ser afetada por fatores tangíveis, como a qualidade do material didático, dos equipamentos e das instalações. No entanto, são os intangíveis que realmente determinam o resultado final. Não nos referimos a aspectos como carisma, abordagem multissensorial e simpatia, que podem proporcionar aulas de alto impacto emocional e motivacional, mas com efeitos de curta duração e baixa eficácia no desenvolvimento de competências. Esses recursos são desejáveis, porém insuficientes para a promoção da mudança pessoal.

Em processos que visam a mudança, as habilidades essenciais do facilitador passam a ser as relacionadas à precisão na comunicação interpessoal. Comunicação que abrange escuta atenta e ativa, capacidade de formular perguntas estratégicas, de compreender o modelo mental dos interlocutores, de lidar com objeções, de prospectar recursos, entre outras habilidades necessárias à personalização do processo de mudança.

Colocada nesses termos, a qualidade da ação de desenvolvimento exigirá, portanto, cada vez mais habilidades de formuladores e facilitadores. Se a habilidade didática é suficiente para a maioria das soluções educacionais "tradicionais", a habilidade comunicacional, no sentido proposto, torna-se requisito-chave para o êxito de ações de desenvolvimento mais desafiadoras. A abordagem *coaching* surge, nesse cenário, como um caminho metodológico inovador para atendimento a esse desafio.

A lista de critérios aqui apresentada – factibilidade, papel, crença, motivação e qualidade – não é exaustiva, tampouco definitiva. Trata-se de um conjunto de requisitos que pode ser utilizado na apreciação de estratégias para o desenvolvimento de competências. Requisitos fundamentados em pesquisas e técnicas contemporâneas e abordados sob o enfoque positivo da questão: o que contribui para que uma ação de desenvolvimento realmente desenvolva?

Sintetizando o diálogo & Propondo reflexões

Ao longo do capítulo, dialogamos sobre conceitos e práticas relacionados à gestão de carreiras, trazendo à discussão resultados de pesquisas recentes e estimulando a reflexão mais ampla sobre aspectos variados do fenômeno. De maneira sintética, realizamos o seguinte percurso dialógico:

- Apresentação da abordagem positiva em Administração e seus desdobramentos em gestão de carreiras.
- Utilização dessa abordagem de forma inclusiva e crítica para estimular uma apreciação mais ampla de práticas organizacionais e individuais.

- Análise do processo de *coaching*, evidenciando seus diversos pontos de contato com essa abordagem.
- Análise do processo de mudança que acompanha o desenvolvimento de competências, concluindo a reflexão na abordagem proposta.

Não dialogamos sobre o tema no sentido convencional de conversação, mas provavelmente estabelecemos um circuito dialógico que pode ser descrito em mais detalhes nesse momento. O termo "diálogo" aqui utilizado tem uma acepção bem mais abrangente que a de uma mera conversa:

- "Diálogo é (...) possibilidade de livre comunicação entre indivíduos sobre determinado tópico, facultando, nessa interação, múltiplos desvelamentos da realidade".
- "Diálogo é exploração (dia) de significados (logos); um processo de aprendizagem coletiva em que se criam significados compartilhados".
- "Diálogo é processo de exploração coletiva de valores, crenças e pressupostos subjacentes ao comportamento cotidiano; um processo em que se exercita a observação desses elementos buscando evidenciar sua influência na ação individual e nas relações humanas; um processo em que os interlocutores não assumem posições dogmáticas nem se aferram à defesa de suas convicções; um processo cuja essência é o aprendizado, o compartilhamento de perspectivas e a geração de novas compreensões do cotidiano".[29]

Essa compreensão ampliada das possibilidades do diálogo é, ao mesmo tempo, a abordagem utilizada para construção do capítulo e uma proposta de continuidade na apreciação do tema. Dialogar com a gestão de carreiras passaria a ser, então, uma maneira de lidar com seus conceitos e práticas, trazendo à apreciação aspectos pouco evidentes do fenômeno para melhor compreendê-lo e, eventualmente, aperfeiçoá-lo.

Aperfeiçoar a gestão de carreiras, como prática e campo conceitual, naturalmente implica buscar inovações produzidas pela comunidade acadêmica e de profissionais da área. No entanto, muito mais que uma busca por novidades, a abordagem dialógica aqui proposta pode contribuir para se encontrar o novo na própria forma de olhar o cotidiano, os problemas recorrentes e as soluções inusitadas.

A busca pelo novo, no entanto, não deve incorrer na "neofilia"* irrefletida, que aprecia a novidade apenas pelo critério cronológico. A prática tem

---
* Apreço pelo novo, segundo a crítica de Lipovetsky (2004).

demonstrado que algumas novidades têm muito pouco a contribuir substantivamente.

Fenômeno semelhante é o da busca obsessiva pela mudança que, em muitos casos, só produz "paralisia dinâmica"* nas práticas organizacionais e individuais. Cria-se uma falsa impressão de dinamismo que, na prática, se mostra tão ineficaz quanto o movimento da roda de hamster: muito esforço para, no fim, não se sair do lugar.

No âmbito individual, a atitude proteana seria um antídoto para ações irrefletidas. A pergunta do profissional autoconsciente será sempre: mudar para quê? As razões para a mudança e o desenvolvimento de competências estarão, necessariamente, alinhadas aos referenciais internos e externos do indivíduo proteano. No âmbito organizacional, vale a mesma lógica de reflexão e alinhamento, nesse caso referenciada às diretrizes corporativas e estratégicas.

Como última provocação, trazemos uma afirmativa inusitada sobre a mudança individual: *"Não mudamos. Simplesmente aceitamos nossos talentos e reordenamos nossas vidas em torno deles. Nós nos tornamos mais conscientes".*[30] Em princípio, a afirmação parece contradizer tudo o que apresentamos, até aqui, sobre as mudanças que acompanham o desenvolvimento de competências. No entanto, ela apenas radicaliza um pressuposto que adotamos para esse processo: os indivíduos têm recursos internos variados e parcialmente desconhecidos, estando, no entanto, disponíveis para promover as mudanças que desejam. Longe de ser uma visão onipotente, trata-se de uma abordagem positiva fundada na realidade de que possuímos muito mais recursos que supomos. E partir desse pressuposto pode viabilizar a prospecção e o aperfeiçoamento desses recursos, otimizando o processo tanto em termos individuais como coletivos.

Essa última provocação teve duplo objetivo: trazer uma perspectiva adicional sobre a questão da mudança e demonstrar, mais uma vez, o que significa dialogar com um tema complexo. E com essa provocação, concluímos nosso diálogo, esperando ter alcançado o desafio de contribuir com informações novas e relevantes sobre o campo e, ao mesmo tempo, propor uma forma de abordá-lo que amplie as possibilidades individuais e organizacionais de refletir e se posicionar adequadamente.

---

* Fenômeno encontrado em algumas organizações nas quais a mudança permanente não resulta em mudança real, conforme a descrição de Martins (2009).

Anexos

Anexo 1 – O Mito de Proteu e a Gestão de Carreira

"Curvar-se à soberania de Netuno magoava profundamente Proteu, um dos velhos do mar. Não lhe era fácil aceitar o jugo de um olímpico, depois de ter reinado tanto tempo sobre as águas, com seus pais – Oceano e Tétis –, outrora poderosos Titãs.

Mas Proteu é obrigado a reconhecer Netuno como senhor das águas. Sua tarefa, na nova ordem, consiste em pastorear os rebanhos de focas pertencentes ao soberano.

Todos os dias, o velho do mar sai com as focas para descansar na praia, à sombra de um rochedo. À sua volta, os animais deitam-se mansamente.

Essa é a hora que os mortais julgam oportuna para inquirir Proteu. Pois ele possui o dom da adivinhação, a capacidade de desvendar as disposições do poderoso Destino.

Proteu, entretanto, não gosta de revelar aos homens as coisas vindouras. Sempre que tentam se aproximar dele, com a intenção de interrogá-lo, o velho foge, ou amedronta as pessoas, transformando-se em animais perigosos e feios."[1]

O mito de Proteu apresenta elementos que podem ser metaforicamente observados no profissional contemporâneo capaz de gerenciar a sua carreira com eficácia.

Proteu	Profissional proteano
Dom da advinhação, habilidade de prever o futuro.	Habilidade de planejar a carreira com base em uma visão de futuro compatível com seus objetivos de carreira & vida.
Habilidade de mudar a forma.	Versatilidade, flexibilidade e adaptabilidade.
Decisão de fugir dos mortais que o importunam.	Decisão de mudar de emprego ou redefinir a carreira quando esses não o aproximam dos seus objetivos de carreira & vida.
Transformação em animais perigosos para afastar os mortais inoportunos.	Utilização de suas habilidades e competências para atingir seus objetivos de carreira & vida.

A metáfora proteana ressalta alguns comportamentos e habilidades necessários ao alcance do sucesso psicológico no atual ambiente de carreiras, conforme descrito e analisado no Modelo EPIA.

Anexo 2 – Questionário da Pesquisa

Parte I – Caracterização do Profissional e de sua Carreira

1. Curso de pós-graduação (em andamento na FGV):

2. Curso(s) de graduação: (se mais de um, colocá-los em ordem cronológica, iniciando pelo mais antigo).

3. Idade:
   (a) Até 25   (b) 25-30   (c) 30-35   (d) 35-40
   (e) 40-45   (f) 45-50   (g) 50-55   (h) Mais de 55

4. Sexo:
   (a) Masculino   (b) Feminino

5. Cidade de residência: _____

6. Estado: _____

7. Tempo de carreira, após primeira graduação (em anos):
   (a) Menos de 1   (b) 1 a 5   (c) 5 a 10
   (d) 10 a 15   (e) 15 a 20   (f) 20 a 25
   (g) 25 a 30   (h) Mais de 30

8. Quantas graduações (cursos universitários plenos) possui?
   (a) 1   (b) 2   (c) 3   (d) 4 ou mais

9. Atua em uma atividade diretamente relacionada a sua formação universitária?
   (a) Sim   (b) Em parte   (c) Muito pouco
   (d) Não   (e) Não estou trabalhando atualmente

10. Quantas mudanças de carreira já realizou em sua atividade principal? (Obs.: Mudanças para atividades de natureza diferente, como de engenheiro para empresário, economista para psicólogo etc.)
    (a) Nenhuma   (b) 1   (e) 2
    (d) 3   (e) 4   (f) 5 ou mais

11. Quantas atividades profissionais remuneradas desempenha atualmente?
    (a) Nenhuma   (b) 1   (c) 2
    (d) 3   (e) 4   (f) 5 ou mais

12. Jornada de trabalho semanal (média) em atividades remuneradas (incluindo horas extras):
    (a) Zero   (b) Até 22   (c) 22 a 38
    (d) 38 a 42   (e) 42 a 48   (f) 48 a 55
    (g) 55 a 70   (h) Mais de 70 h/semana

13. Natureza do trabalho (selecionar apenas uma opção – sua ocupação principal):
    (a) Assalariado   (b) Desempregado   (c) Empresário
    (d) Estudante   (e) Profissional liberal/autônomo

14. Renda bruta mensal (R$):
    (a) Até 1.000   (b) 1.001 a 2.000   (c) 2.001 a 3.500
    (d) 3.501 a 5.000   (e) 5.001 a 7.000   (f) 7.001 a 9.000
    (g) 9.001 a 12.000   (h) 12.001 a 15.000   (i) Acima de 15.000

Os Itens 15 a 19 só se aplicam aos assalariados e se referem à sua ocupação principal

15. Nível hierárquico atual:

    (a) Profissional/técnico

    (b) Supervisão

    (c) Chefia/gerência intermediária

    (d) Alta administração/superintendência, diretoria, presidência

16. Tipo de empresa:

    (a) Pública   (b) De capital misto   (c) Familiar

    (d) Brasileira de capital privado   (e) Multinacional

17. Porte da empresa, em número de empregados:

    (a) 1 a 10   (b) 11 a 100   (c) 101 a 500

    (d) 501 a 2.000   (e) 2.001 a 5.000   (f) 5.001 a 10.000

    (g) Mais de 10.000

18. Quantas mudanças de emprego (na ocupação principal) já teve desde a primeira graduação?

    (a) Nenhuma   (b) 1   (c) 2   (d) 3

    (e) 4   (f) 5   (g) 6   (h) 7 ou mais

19. Há quantos anos está no atual emprego?

    (a) Menos de 1   (b) 1 a 3   (c) 3 a 6   (d) 6 a 10

    (e) 10 a 15   (f) 15 a 25   (g) Mais de 25

Parte II – Características de Personalidade e Percepções do Profissional

Selecionar apenas 1 (uma) opção em cada um dos itens 20 a 23

20. Conceitualmente falando, o trabalho significa para você:

    (a) Fonte de satisfação

    (b) Obrigação econômica

    (c) Oportunidade de crescimento pessoal

21. Com relação à sua ocupação principal, seu trabalho atual significa para você:

(a) Fonte de satisfação

(b) Obrigação econômica

(c) Oportunidade de crescimento pessoal

22. Aspecto que melhor caracteriza o sucesso profissional para você:

(a) Renda elevada

(b) Realizar um trabalho relevante, significativo

(c) Ter poder

(d) Ter liberdade/autonomia

(e) Ter um bom relacionamento no trabalho

23. Principal motivo que o levou a cursar essa pós-graduação:

(a) Aquisição, atualização, ampliação e/ou aprofundamento de conhecimentos

(b) Necessidades relativas ao meu trabalho atual

(c) Melhorar minha empregabilidade

(d) Mudar de emprego ou de carreira

(e) Investir em uma segunda carreira (por exemplo: docência, consultoria, etc.)

(f) Outro: _____

Selecionar no máximo 3 (três) opções em cada um dos itens 24 a 26

24. Selecione os fatores que mais o influenciaram na escolha da sua profissão, por ocasião do vestibular:

(a) Vocação

(b) Status/valorização social

(c) Perspectivas de ganho financeiro

(d) Mercado de trabalho

(e) Influência familiar

(f) Possibilidade de autorrealização através do trabalho

(g) Influência de amigos

(h) Nenhum fator, simplesmente cumpri a obrigação de escolher algo

25. Fatores que considerava mais importantes por ocasião do início da vida profissional (após a 1ª graduação):

(a) Ganhos financeiros

(b) Segurança/estabilidade no emprego

(c) Status/valorização social
(d) Poder/possibilidade de ascender na hierarquia
(e) Compatibilidade com a vocação
(f) Possibilidade de autorrealização através do trabalho
(g) Liberdade/autonomia
(h) Jornada compatível com as necessidades de tempo livre para família, lazer etc.
(i) Possibilidade de desenvolvimento de competências e habilidades
(j) Localização geográfica

26. Fatores que considera atualmente mais importantes para uma carreira profissional satisfatória:
   (a) Ganhos financeiros
   (b) Segurança/estabilidade no emprego
   (c) Status/valorização social
   (d) Poder/possibilidade de ascender na hierarquia
   (e) Compatibilidade com a vocação
   (f) Possibilidade de autorrealização através do trabalho
   (g) Liberdade/autonomia
   (h) Jornada compatível com as necessidades de tempo livre para família, lazer etc.
   (i) Possibilidade de desenvolvimento de competências e habilidades
   (j) Localização geográfica

Parte III – Características de Personalidade e Percepções do Profissional

Essa parte do questionário tem como objetivo avaliar seu grau de concordância com as afirmativas propostas. Favor assinalar o número que melhor represente sua opinião, de acordo com os seguintes critérios:

1 - Discordo totalmente.
2 - Tendo a discordar.
3 - Não se aplica/Não sei/Não concordo nem discordo.
4 - Tendo a concordar.
5 - Concordo totalmente.

27	Quando escolhi minha profissão, através do vestibular, dispunha das informações necessárias sobre a atividade profissional que teria após a graduação	1	2	3	4	5
28	Fiz testes psicológicos e/ou orientação vocacional antes de ingressar na universidade	1	2	3	4	5
29	Os testes psicológicos e/ou orientação vocacional foram úteis para o meu processo de decisão	1	2	3	4	5
30	Já recorri a serviços especializados (pagos) para me assessorar na gestão da minha carreira (consultoria de carreira, *coaching*, testes psicológicos, aconselhamento de carreira ou similares)	1	2	3	4	5
31	Gostaria de mudar substancialmente a natureza da minha carreira profissional, passando a desempenhar atividades bem diferentes das atuais	1	2	3	4	5
32	Tenho um plano pessoal de carreira, escrito ou não, no qual estão definidas as minhas metas de carreira (remuneração, tipo de atividade, carga horária de trabalho, nível hierárquico etc.) e as minhas estratégias para atingi-las	1	2	3	4	5
33	(Para quem respondeu 1 ou 2 na anterior). Mesmo não tendo um plano, sei que tipos de atividades gostaria de desenvolver no futuro (por exemplo: atividades relacionadas ao ensino, pesquisa ou consultoria, sem predefinição exata de qual ou quais delas), e estou me preparando para as oportunidades que surgirem	1	2	3	4	5
34	Meus objetivos de carreira são condicionados pelos meus objetivos de vida mais amplos	1	2	3	4	5
35	Prefiro uma carreira numa organização (como especialista ou gerente) a uma carreira autônoma (como profissional liberal, consultor, empresário etc.)	1	2	3	4	5
36	Se eu pudesse escolher, gostaria de ter mais tempo livre do que mais dinheiro em relação ao que tenho atualmente	1	2	3	4	5
37	As atividades profissionais que realizo atualmente me proporcionam satisfação pessoal (as atividades são satisfatórias e não prejudicam minha vida pessoal ex-trabalho)	1	2	3	4	5
38	Considero que atualmente a lealdade do profissional deve se direcionar a sua carreira, e não a uma organização	1	2	3	4	5
39	Prefiro trabalhar com horário flexível a ter horários predeterminados para início e fim das atividades profissionais	1	2	3	4	5

40	Considero interessante que um assalariado possa desempenhar suas atividades à distância (em casa), utilizando recursos de informática, sem a necessidade de ir ao escritório diariamente	1	2	3	4	5
41	Já tive pelo menos uma grande crise de carreira (incerteza sobre as escolhas feitas, insatisfação com o trabalho, insatisfação com o desenvolvimento da carreira, insatisfação com o impacto da carreira na vida pessoal etc.)	1	2	3	4	5
42	Acho que, no início da carreira, é preferível escolher uma atividade profissional em que vou ganhar mais dinheiro, mesmo sem estar trabalhando no que gosto, do que escolher uma atividade que eu goste em detrimento do retorno financeiro. Em resumo, primeiro ganhar dinheiro, depois buscar satisfação profissional	1	2	3	4	5
43	Acha que minha carreira profissional vai se desenvolvendo naturalmente, sem a necessidade de planejamento pessoal (estabelecimento de metas e estratégias de carreira)	1	2	3	4	5
44	Considero o autoconhecimento fundamental para que eu possa administrar bem a minha carreira	1	2	3	4	5
45	Considero que o conhecimento do ambiente profissional (tendências do mercado de trabalho, novas tecnologias, atividades em outras organizações, novas oportunidades de atuação etc.) é fundamental para que eu possa administrar bem a minha carreira	1	2	3	4	5
46	Considero minha carreira como uma microempresa em que sou proativo na busca de clientes (empregadores ou clientes propriamente ditos de um serviço autônomo) e no desenvolvimento de produtos e de habilidades que me tornem interessante para o mercado	1	2	3	4	5
47	Considero-me suficientemente capacitado, flexível e adaptável para conseguir colocação fácil no mercado de trabalho (como autônomo ou assalariado)	1	2	3	4	5
48	Eu aceitaria uma redução na minha renda mensal em troca de mais tempo livre (via redução da jornada de trabalho)	1	2	3	4	5
49	Acho que as atribuições profissionais e as questões práticas do cotidiano me absorvem tanto que não tenho tempo de pensar na vida em termos mais amplos, como, por exemplo, se estou levando a vida que gostaria ou se vou me sentir frustrado mais tarde	1	2	3	4	5

OS PRÓXIMOS ITENS SÓ SE APLICAM AOS ASSALARIADOS E SE REFEREM À SUA OCUPAÇÃO PRINCIPAL

50	A organização em que trabalho tem um plano de carreira formal, utilizado na prática, que considero adequado às minhas necessidades de crescimento profissional	1	2	3	4	5
51	A organização em que trabalho oferece aos seus empregados recursos para que possam planejar suas carreiras (treinamento específico em planejamento ou gestão de carreira, *coaching* interno ou externo, programas de *mentoring*, consultoria interna ou externa de gestão de carreira ou qualquer atividade formal semelhante)	1	2	3	4	5
52	A organização oferece um plano de carreira em Y, ou seja, permite que profissionais alcancem progressão funcional, salarial e de *status*, tanto através da carreira técnica (especialista) como pela gerencial (Obs.: Normalmente, na ausência da carreira em Y, um profissional com perfil técnico que deseje progressão ou que é reconhecido pela sua competência técnica termina por ser levado à carreira gerencial por falta de alternativa com vantagens semelhantes)	1	2	3	4	5
53	A organização tem um sistema de remuneração, reconhecimento e recompensa bem concebido e bem utilizado	1	2	3	4	5
54	Tenho oportunidades, na organização, de mudar de cargo ou função, possibilitando que eu encontre uma atividade mais compatível com meus interesses, habilidades e temperamento	1	2	3	4	5
55	Eu invisto, de maneira independente e com capital próprio, no desenvolvimento da minha carreira (através de cursos, treinamento, leitura, participação em congressos etc.)	1	2	3	4	5
56	A organização investe no desenvolvimento da minha carreira (através de cursos, treinamento, participação em congressos, tarefas especiais, rotação de cargos a funções etc.)	1	2	3	4	5
57	A organização me fornece, periodicamente, informações sobre o meu desempenho profissional (através de avaliação formal de desempenho, *feedback* informal de superiores hierárquicos etc.) de forma a subsidiar minha autoavaliação de carreira	1	2	3	4	5

58	Eu busco informações sobre meu desempenho profissional de forma a subsidiar minhas ações de desenvolvimento de carreira	1	2	3	4	5
59	Eu tenho critérios próprios (definidos por mim mesmo no meu planejamento de carreira) que utilizo para avaliar se a minha carreira está se desenvolvendo adequadamente	1	2	3	4	5
60	Eu utilizo as informações de avaliação da minha carreira, tanto as provenientes da organização quanto as geradas pela autoavaliação, para melhoria (via redefinição da carreira, replanejamento ou manutenção das estratégias de desenvolvimento adotadas)	1	2	3	4	5
61	Considero que a administração da minha carreira (direcionamento, planejamento, desenvolvimento e avaliação) é de responsabilidade da organização em que trabalho	1	2	3	4	5
62	Percebo que não tenho segurança no emprego, mesmo sendo competente	1	2	3	4	5
63	Estou custeando minha pós-graduação com recursos próprios	1	2	3	4	5
64	Sinto-me compelido, sutilmente ou de forma explícita, a trabalhar além da jornada normal	1	2	3	4	5
65	Sinto-me sobrecarregado com as terefas que desempenho em meu emprego principal	1	2	3	4	5
66	Considero a progressão vertical (na hierarquia gerencial) mais importante que a progressão lateral (em diferentes funções de mesmo nível hierárquico) e a especialização em uma carreira técnica	1	2	3	4	5
67	Na organixzação em que trabalho, consigo compatibilizar os objetivos organizacionais aos meus objetivos pessoais	1	2	3	4	5
68	A organização em que trabalho estimula o aprendizado contínuo pelo contato entre profissionais de diferentes especialidades e experiências	1	2	3	4	5
69	A organização me oferece, de tempos em tempos, atribuições e responsabilidades desafiadoras que contribuem para meu desenvolvimento profissional	1	2	3	4	5
70	A organização me proporciona contatos e relacionamentos que favorecem meu desenvolvimento profissional	1	2	3	4	5
71	A organização oferece um serviço de recolocação (*outplacement*) para os profissionais que são demitidos	1	2	3	4	5
72	A organização possui um sistema corporativo de informações de carreira	1	2	3	4	5

Notas

Capítulo 1

1. Ver Japiassu e Marcondes (1990: 236)
2. *Apud* Japiassu e Marcondes (1990:236).
3. Ver De Masi (1999c: 75-9).
4. Ver p. 75.
5. Ver p. 13.
6. *Apud* De Masi (1999c:229).
7. Ver De Masi (1999b:15)
8. Idem.
9. *Apud* De Masi (1999b: 15)
10. *Apud* De Masi (1999b:35)
11. Ver Drucker (1997:14-8)

Capítulo 2

1. Ver Drucker (1997:21).
2. Ver Drucker (1997).
3. Ver De Masi (1999a).
4. Ver Castells (1999).
5. Ver Drucker (1997:21-2).
6. Ver p. 22-3.
7. Ver p. 27-38.
8. Ver p. 35.
9. Ver p. 38-42.
10. Ver De Masi (1999a:32).
11. Ver p. 35-6.
12. Ver De Masi (1999c:184-5).
13. Ver p. 205-7.
14. Ver Castells (1999:226).
15. Ver p. 250.

Capítulo 3

1. Nonaka e Takeuchi (1997:1).
2. Ver Stewart (1998:97-98).
3. *Ibid.* p.125-130.

4. Davenport e Prusak (1998:15-20).
5. Stewart (1998:53).
6. Davenport e Prusak (1998:61).
7. Ver Davenport e Prusak (1998:83-99).
8. *Ibid.* p. 117.
9. *Ibid.* p. 28.
10. Meister (1999:22).
11. *Ibid.* p. 27.
12. *Ibid.* p. 7.

Capítulo 4

1. Castells (1999:250-1).
2. Castells (1999:251-2).
3. Castells (1999:253-4).
4. Ver De Masi (1999c).
5. Ver Stewart (1998:7).
6. De Masi (1999c:276).
7. Bridges (1995).
8. Ver De Masi (1999c:277).
9. De Masi (1999b:44).
10. *Apud* De Masi (1999b:52-3).
11. *Ibid.* p. 53-5.
12. *Ibid.* p. 82.
13. Frankl (1991:70).
14. Frankl *et al.* (1990:18).
15. Frankl (1991:128).
16. Ver Bridges (1995:132-4).
17. Ciulla (2000:204).
18. Frankl (1991:97).
19. Ver Albion (2000:91).
20. De Masi (1999b:333).
21. Ver Drucker (1997:29).

22. *Ibid.* p.168-171.
23. Japiassu (1976).
24. Drucker (1997:57-60).
25. Meister (1999:13).
26. Ver Stewart (1998:45).
27. Ver Meister (1999:9).
28. Ver Drucker (1999:277).
29. Ver Meister (1999:15).
30. Ver Senge (1990:300).
31. Meister (1999:16).

Capítulo 5

1. Ver Bridges (1995).
2. Ver Reardon (1999:2).
3. Ver Greenhaus (1999:8).
4. Greenhaus (1999:9).
5. Hall (1996:1).
6. Ver Schein (1978).
7. Ver Anexo 1 – O Mito de Proteu e a Gestão de Carreira.
8. Hall (1996:20).
9. Ver Hall (1998:23).
10. Hall (1996:37).
11. Ver Hall (1998:23).
12. Ver Ouchi (1986:17) .

Capítulo 6

1. Greenhaus (1999:12).
2. Ver Greenhaus (1999:26).

Capítulo 7

1. Ver Reardon (1999).

2. *Ibid.* p. 22.
3. *Ibid.* p. 23-4.
4. *Apud* Reardon (1999:28).
5. Ver Reardon (1999:37).
6. *Ibid.* p. 38.
7. *Ibid.* p. 43-5.
8. *Ibid.* p. 70.
9. *Ibid.* p. 72.
10. *Ibid.* p. 76-81.
11. *Ibid.* p. 81.
12. *Ibid.* p. 87.
13. *Ibid.* p. 87-9.
14. *Ibid.* p. 88.
15. *Ibid.* p. 89.

Capítulo 8

1. Greenhaus (1999:25-6).
2. *Ibid.* p. 27.
3. Ver Greenhaus (1999:30).
4. *Ibid.* p. 31.
5. *Ibid.* p. 33.
6. *Ibid.* p. 34.

Capítulo 9

1. Ver Campos (1992:30).
2. Ver Greenhaus (1999:26).
3. Ver Reardon (1999).

Capítulo 10

1. Ver Morris (2000:52).
2. Feijoo (2000a:141).
3. *Ibid.* p.124.
4. Fromm (1986:43).
5. *Ibid.* p. 47.
6. *Ibid.* p. 44.
7. Ver Fromm (1986:47).
8. Idem.
9. Mezan (2000:210).
10. Idem.
11. Ver Morris (2000:53).
12. Drucker (2000:50).
13. Drucker (1999c:64).
14. Ver Schein (1996:66).
15. Hall (1996:4).
16. Ver Kegan (1985).
17. Ver Hall (1996:25).
18. Ver Reardon (2000:41).
19. Schein (1996:32).
20. Ver Schein (1996:36).
21. *Ibid.* p. 64.
22. *Ibid.* p. 66.

Capítulo 11

1. Ver Lyon (2000:276).
2. Greenhaus (1999:29).
3. Drucker (1999c:70).

Capítulo 12

1. *Apud* Ciulla (2000:225).
2. Ver Geertz (1989).
3. Ver Douglas (1998:17).
4. *Ibid.* p. 26.
5. *Ibid.* p. 130.
6. Ver Reardon (1999:3).

7. Idem.
8. Feijoo (2000b:2-3).
9. Reardon (1999:90-2).
10. Drucker (2000:48-51).
11. *Apud* Albion (2000:234).
12. Frankl (1991:97).
13. Field (2000:256).
14. Albion (2000:198) e Drucker (1999c:69).
15. Ver Holoviak e Greenwood (2000:5).
16. *Ibid.* p. 6.
17. Idem.
18. Rock (1997:88).
19. Ver Hall e Moss (1998).
20. *Ibid.* p. 24.
21. Ver Reardon (1999:7).
22. Frankl (1991:84).

Capítulo 13

1. Ave marinha da família dos falacrocoracídeos, também denominada biguá.
2. Hall (1996:22).
3. Idem.
4. Kotter (1996:144).
5. *Apud* Leitão (1996:5).
6. Leitão (1996:8).
7. Ver Greenhaus (1999:68-9).
8. Ver Greenhaus (1999:68).
9. Greenhaus (1999:84-7).
10. Ver Greenhaus (1999:87).
11. Ver Hitchin e Hitchin (1999:103).
12. Greenhaus (1999:45).

13. Drucker (1999c:66).
14. Albion (2000).

Capítulo 14

1. Pesquisas de Robert Kegan, relatadas no Capítulo 10.

Capítulo 15

1. Greenhaus (1999:117).
2. Ver Schein (1978:6).
3. Ver Hall (1996:25-6).
4. Ver Schein (1978:25).
5. Idem.
6. *Apud* Hall (1996:108-9).
7. Ver Schein (1978:28).
8. Ver Hall (1996:109-17).
9. Ver Sheehy (1991).
10. Ver Greenhaus (1999:112).
11. *Apud* Greenhaus (1999:113).
12. Ver Greenhaus (1999:115).
13. Ver Reardon (1999:6).
14. Hall (1996:25).
15. Ver Hall (1996:33-5).
16. Ver (Goleman, 1996:230-43).
17. Ver Hall (1998:28).
18. Ver Bridges (1998:92-7).
19. Ver Bolles (1998:107-25).
20. Ver Bridges (1996:96-7).
21. Ver Campos (1992:34).
22. *Apud* Frankl (1991:27).
23. Ver Drucker (1999c:72).
24. Ver Fast Company (1999:108).

25. *Ibid.* p. 110.
26. Ver Maslow (1987:22).
27. Ver Frankl (1991:100).
28. *Ibid.* p. 98.
29. *Ibid.* p. 99-100.
30. *Ibid.* p. 112.

Capítulo 16

1. Ver Bridges (1995).
2. Ver Holoviak e Greenwood (2000:5).
3. Ver (Maslow, 1987).
4. Ver Senge (1990).
5. Ver Meister (1999).
6. Ver Dutra (1996:81).
7. Ver Greenhaus (1999:433).
8. Ver Hall (1996:2-4).
9. Ver Greenhaus (1999:415).
10. Ver Nunn (2000:20-1).
11. *Ibid.* p. 21.
12. Ver Schein (1978).
13. Ver McGregor (1992:54-7).
14. Ver Maslow (1987).
15. Ver Herzberg (1997:63).
16. Ver Geertz (1989:15).
17. Schein(1992:12).
18. *Ibid.* p. 5.
19. Ver Prates e Barros (1997).
20. Ver DaMatta (1997).
21. Ver Barbosa (1999).

Capítulo 17

1. Critérios definidos por Vergara (1998:44).
2. Ver Schein (1996).
3. Ver Kotter (1996).

Capítulo 25

1. Ver Albion (2000:17).
2. Ver resultados gerais em Dinheiro (2000).
3. Ver Tracy (1995:1).

Anexo I

1. Mitologia (1976: 329).

Capítulo Adicional

1. Técnica de intervenção organizacional proposta por Cooperider (1999) a partir de pesquisas realizadas em organizações americanas.
2. Abordagem recente da Psicologia, difundida por autores como Seligman (2006) e Cszikzentmihaly (1999).
3. Um interessante debate sobre a POS pode ser encontrado em Fineman (2006), Roberts (2006) e Caza e Caza (2008).
4. Ver artigo com relato das pesquisas de Greenhaus e Powell (2006).
5. Idem.
6. Greenhaus e Powell (2006) *apud* Ruderman *et al.* (2002).
7. Ver Roberts *et. al.* (2005).
8. Ver uma discussão abrangente sobre essas características da cultura brasileira em Barbosa (1999).

9. Ver Roberts *et al.* (2005:721)
10. Ver De Vos e Soens (2008).
11. Ver Robbins (2004).
12. Ver em Martins (2006) um conjunto de práticas corporativas voltadas ao autogerenciamento de carreira e uma comparação de empresas brasileiras e internacionais quanto ao investimento nessas práticas.
13. Termo utilizado por Roberts (2008) para caracterizar uma perspectiva positiva ingênua, incapaz de perceber aspectos negativos eventualmente presentes ou resultantes do fenômeno analisado.
14. Ver Fleetwood (2007:389).
15. Ver esse e outros paradoxos em Martins (2009:118).
16. Ver em Caza e Caza (2008:26) e Stoltz (2001) mais referências sobre essa tendência natural ao foco no negativo.
17. Ver mais detalhes sobre essa definição em Martins (2009:222).
18. Uma discussão abrangente sobre os paradoxos do trabalho contemporâneo e os sentidos desse trabalho pode ser encontrada em Martins (2009). O livro também traz resultados de pesquisa realizada no Brasil com profissionais de empresas de grande porte.
19. As conclusões desse estudo realizado pelo Instituto Gallup são apresentadas em Buckingham e Clifton (2008).
20. Ver em Buckingham e Clifton (2008) uma explicação detalhada sobre a formação e a perda de conexões sinápticas e seu impacto na inteligência.
21. Ver Seligman (2006).
22. Ver a argumentação sobre a mutabilidade do temperamento em Goleman (1995).
23. Ver Megginson e Clutterbuck (2007).
24. Ver a argumentação teórica e os resultados de pesquisa em Seligman (2007).
25. Ver Robbins (2004).
26. Crença na capacidade de se realizar uma dada tarefa ou de se alcançar determinado resultado (ROBBINS, 2004).
27. Ver Robbins (2004).
28. Ver Albrecht (2008).
29. Ver Martins (2009:161).
30. Ver Buckingham e Clifton (2008:51).

Bibliografia

ALBION, Mark S. *Making a life, making a living: reclaiming your purpose and passion in business and in life.* New York: Warner Books, 2000.

ALBRECHT, Karl. *Inteligência prática: arte e ciência do bom senso.* São Paulo: M. Books, 2008.

AMERICAN SOCIETY FOR TRAINING AND DEVELOPMENT. *Implications of the increasing demand for career development.* Training & Development, v. 52, n. 11, p. 62, Nov. 1998.

BARBOSA, Lívia. *Igualdade e meritocracia: a ética do desempenho nas sociedades modernas.* Rio de Janeiro: FGV, 1999.

BAUMAN, Zygmunt. *Globalização: as consequências humanas.* Rio de Janeiro: Jorge Zahar, 1999.

BENCH, Marcia. *Career coaching: an insider's guide,* 2ª edição. Wilsonville: High Flight, 2008.

BERNHOEFT, Renato. *Trabalhar e desfrutar: equilíbrio entre vida pessoal e profissional.* São Paulo: Nobel, 1991.

BOLLES, Richard N. *What color is your parachute.* Berkeley: Ten Speed Press, 1998.

BRIDGES, William. *Um mundo sem empregos.* São Paulo: Makron, 1995.

_____. *Criando você & cia: aprenda a pensar como o executivo de sua própria carreira.* 2ª edição. Rio de Janeiro: Campus, 1998.

BUCKINGHAM, Marcus; CLIFTON, Donald O. *Descubra seus pontos fortes*. Rio de Janeiro: Sextante, 2008.

BUENO, José H. *Autodesenvolvimento para a empregabilidade: sobrevivendo e prosperando numa sociedade sem empregos*. São Paulo: LTr, 1996.

BUTTLER, Timothy; WALDROOP, James. *Job sculpting: the art of retaining your best people*. Harvard Business Review, v. 77, n. 5, p. 144-152, Sep/Oct. 1999.

CAMPOS, Vicente F. TQC: *Controle da qualidade total*. Belo Horizonte: Fundação Christiano Ottoni-UFMG; Rio de Janeiro: Bloch Editores, 1992.

CASTELLS, Manuel. *A sociedade em rede*. São Paulo: Paz e Terra, 1999.

CAZA, Brianna B.; CAZA, Arran. Positive organizational scholarship: a critical theory perspective. *Journal of Management Inquiry*, v. 17, nº 1, p. 21-33, 2008.

CIULLA, Joanne B. *The working life: the promise and betrayal of modern work*. New York: Times Books, 2000.

COOPERRIDER, D.; WHITNEY, D. *Appreciative inquiry*. San Francisco: Berrett-Koehler, 1999.

COVEY, Stephen. *Os sete hábitos das pessoas muito eficazes*, 19ª edição. São Paulo: Best Seller, 1995c.

CSIKSZENTMIHALYI, Mihaly. *A descoberta do fluxo*. Rio de Janeiro: Rocco, 1999.

DA MATTA, Roberto. *A casa & a rua*, 5ª ed. Rio de Janeiro: Rocco, 1997.

DAVENPORT, Thomas H.; PRUSAK, Laurence. *Conhecimento empresarial: como as organizações gerenciam o seu capital intelectual*. Rio de Janeiro: Campus, 1998.

DE BOTTON, Alain. *Os prazeres e desprazeres do trabalho: reflexões sobre a beleza e o horror do ambiente de trabalho moderno*. Rio de Janeiro: Rocco, 2009.

DEDEKE, Adenekan et al. *Letters to the editor*. Harvard Business Review, v. 77, nº 5, p. 178-181, Sep/Oct. 1999.

DE MASI, Domenico. *A sociedade pós-industrial*, 2ª edição. São Paulo: SENAC São Paulo, 1999a.

_____. *Desenvolvimento sem trabalho*. São Paulo: Esfera, 1999b.

_____. *O futuro do trabalho: fadiga e ócio na sociedade pós-industrial*. Rio de Janeiro: José Olympio; Brasília: UnB, 1999c.

DEVOE, Deborah. *Could you use a coach*. InfoWorld, v. 21, nº 21, p. 93-4, May, 1999.

DE VOS, Ans; SOENS, Nele. Protean attitude and career success: the mediating role of self-management. *Journal of Vocational Behavior*, v. 73, p. 449-56, 2008.

DINHEIRO é mais valorizado que tempo livre. Folha de São Paulo, São Paulo, 7 jun. 2000. Caderno Mundo, p. a-14.

DOUGLAS, Mary. *Como as instituições pensam*. São Paulo: Universidade de São Paulo, 1998.

DRUCKER, Peter F. *Administrando em tempos de grandes mudanças*. São Paulo: Pioneira; São Paulo: Publifolha, 1999a.

_____. *Desafios gerenciais para o século XXI*. São Paulo: Pioneira, 1999b.

_____. *Sociedade pós-capitalista*. 7ª edição. São Paulo: Pioneira, 1997.

_____. Managing oneself. *Harvard Business Review*, v. 77, nº 2, p. 64-74, Mar/Apr. 1999c.

_____. Você está preparado? *Você S.A.* Ago. 2000, p. 48-51.

DUTRA, Joel S. *Administração de carreira: uma proposta para repensar a gestão de pessoas*. São Paulo: Atlas, 1996.

_____. *Competências: conceitos e instrumentos para a gestão de pessoas na empresa moderna*. São Paulo: Atlas, 2004.

_____. *Gestão por competências*. São Paulo: Gente, 2001.

ELLINOR, L.; GERARD, G. *Diálogo: redescobrindo o poder transformador da conversa*. São Paulo: Futura, 1998.

FARREN, Caela. *Carreira de sucesso: como administrar e garantir o emprego em tempos difíceis*. São Paulo: Futura, 2000.

FAST COMPANY. *How much is enough*, nº 26. Jul-Aug 1999, p.108-10.

FEIJOO, Ana M. L. C. *A escuta e a fala em psicoterapia: uma proposta fenomenológico-existencial*. São Paulo: Vetor, 2000a.

_____. *Projeto de orientação vocacional*. Rio de Janeiro: 2000b. Trabalho inédito.

FIELD, Anne. A living or a life. *Fast Company*, nº 31, p. 256-264, Jan/Feb. 2000.

FINEMAN, S. On being positive: concerns and counterpoints. *Academy of Management Review*, v. 31, nº 2, p. 270-291, 2006.

FLEETWOOD, Steve. Why work-life balance now. *International Journal of Human Resource Management*, vol. 18:3, p. 387-400, 2007.

FRAGA, Valderez F. *Gestão pela formação humana: uma abordagem fenomenológica*. Rio de Janeiro: Impetus, 2003.

FRANKL, Viktor E. *Em busca de sentido: um psicólogo no campo de concentração*, 7ª edição. Petrópolis: Vozes, 1991.

_____ et al. *Dar sentido à vida: a logoterapia de Viktor Frankl*, 2ª edição. Petrópolis: Vozes, 1990.

FROMM, Erich. *Análise do Homem*. 13ª edição. Rio de Janeiro: Guanabara, 1986.

GEERTZ, Clifford. *A interpretação das culturas*. Rio de Janeiro: LTC, 1989.

GOLEMAN, Daniel. *Inteligência emocional*. Rio de Janeiro: Objetiva, 1996.

GREENHAUS, Jeffrey H.; POWELL, Gary N. When work and family are allies. *Academy of Management Review*, v. 31, nº 1, p. 72-92, 2006.

_____ et al. *Career management*, 3ª edição. Orlando: Harcourt, 1999.

HALL, Douglas T. *The career is dead, long live the career: a relational approach to careers*. San Francisco: Jossey-Bass, 1996.

_____; MOSS, Jonathan E. The new protean career contract: helping organizations and employees adapt. *Organizational dynamics*, v. 26, nº 3, p. 22-36, Winter 1998.

_____; OTAZO, Karen L.; HOLLENBECK, George P. Behind the doors: what really happens in executive coaching. *Organizational dynamics*, v. 27, nº 3, p. 39-53, Winter, 1999.

HERZBERG, Frederick. Mais uma vez: como motivar seus funcionários. In: VROOM, Victor H. et al. *Gestão de pessoas, não de pessoal*. Rio de Janeiro: Campus, 1997.

HITCHIN, David; HITCHIN, Jill. Balancing professional performance and personal priorities. *Workforce*, v. 78, nº 4, April 1999, p. 99-103.

HOLOVIAK, Stephen; GREENWOOD, Donna W. Mid-career switching: who's doing it and the implications for businesses. *American business perspectives*, nº 220, p.5-7, Mar/Apr. 2000.

JAPIASSU, Hilton. *Interdisciplinaridade e patologia do saber.* Rio de Janeiro: Imago, 1976.

_____, MARCONDES, Danilo. *Dicionário básico de filosofia.* Rio de Janeiro: Jorge Zahar, 1990.

KANFER, Ruth; ACKERMAN, Phillip L. Aging, adult development, and work motivation. *Academy of Management Review,* v. 29, nº 3, p. 440-58, 2004.

KAPLAN, Robert S. Reaching your potential. *Harvard Business Review,* p. 45-9, Jul/Aug, 2008.

KEGAN, Robert. *The evolving self.* Cambridge: Harvard, 1985.

KORETZ, Gene. *The new world of work: flexibility is the watchword.* Businessweek online. Jan.10, 1999.

KOTTER, John P. *As novas regras.* São Paulo: Makron, 1996.

LEITÃO, Dorodame M. *Administração estratégica: abordagem conceitual e atitudinal,* 2ª edição. Rio de Janeiro: SENAI/DN; Petrobras, 1996.

LEWIS, Suzan; GAMBLES, Richenda; RAPOPORT, Rhona. *International Journal of Human Resource Management,* v. 18:3, p. 360-72, 2007.

LIPOVETSKY, Gilles. *Metamorfoses da cultura liberal: ética, mídia, empresa.* Porto Alegre: Sulina, 2004.

LYON, Douglas W.; KIRBY, Eric G. *The career planning essay. Journal of Management Education,* v. 24, n. 2, p. 276-287, Apr. 2000.

MACEDO, Roberto. *Seu diploma sua prancha: como escolher a profissão e surfar no mercado de trabalho,* 2ª edição. São Paulo: Saraiva, 1998.

MARTINS, Hélio T. *Trabalho paradoxal: sentidos do trabalho corporativo.* Rio de Janeiro: AlphaMind, 2009.

_____. Gerenciamento da carreira proteana: contribuições para práticas contemporâneas de gestão de pessoas. In: BALASSIANO, Moisés; COSTA, Isabel S. A. (org.). *Gestão de carreiras: dilemas e perspectivas.* São Paulo: Atlas, 2006.

MASLOW, Abraham H. et al. *Motivation and personality,* 3ª edição. New York: Harper & Row, 1987.

MAURER, Todd J.; PIERCE, Heather R.; SHORE, Lynn M. Perceived beneficiary of employee development activity: a three-dimensional social exchange model. *Academy of Management Review,* v. 27, nº 3, p. 432-44, 2002.

McGREGOR, Douglas. *O lado humano da empresa*, 2ª edição. São Paulo: Martins Fontes, 1992.

MEGGINSON, David; CLUTTERBUCK, David. *Techniques for coaching and mentoring*. Burlington: Elsevier, 2007.

MEISTER, Jeanne C. *Educação corporativa*. São Paulo: Makron Books, 1999.

MEZAN, Renato. O mal-estar, Freud e a modernidade. *Veja*. Ano 33, nº 52, 27 dez. 2000, p. 208-10.

MITOLOGIA, 2ª edição. São Paulo: Abril Cultural, 1976.

MORRIS, Tom. Sabedoria antiga. *Você S.A*. Ano 2, ago. 2000, p. 52-5.

MOSES, Barbara. *The good news about careers*. San Francisco: Jossey-Bass, 2000.

MOTTA, Paulo R. *Gestão contemporânea: a ciência e a arte de ser dirigente*, 10ª edição. Rio de Janeiro: Record, 1999.

NAKACHE, Patricia. Can you handle the truth about your career. *Fortune*, v. 136, nº 1, p. 208, Jul. 1997.

NAVARRO, Anna. Finding your dream job is more than chasing 'hot' careers. *St. Louis Business Journal*, v. 18, nº 22, p. 13a, Feb. 1998.

NERI, Aguinaldo A. (org.). *Gestão de RH por competências e a empregabilidade*. Campinas: Papirus, 1999.

NONAKA, Ikujiro; TAKEUCHI, Hirotaka. *Criação de conhecimento na empresa*, 2ª edição. Rio de Janeiro: Campus, 1997.

NUNN, John. Career planning key to employee retention. *Journal of Property Management*, v. 65, nº 5, Sep/Oct. 2000, p. 20-1.

OUCHI, William. T*eoria Z: como as empresas podem enfrentar o desafio japonês*, 10ª edição. São Paulo: Nobel, 1986.

PADUAN, Roberta. Fiquei rico.com.br. *Veja*. Ano 33, nº 8, 23 fev. 2000, p. 112-9.

PERRENOUD, P. *Construir as competências desde a escola*. Porto Alegre: ArtMed, 1999.

PRATES, Marco A. S.; BARROS, Betânia T. de. O estilo brasileiro de administrar. In: MOTTA, Fernando C. P.; CALDAS, Miguel P. (org.). *Cultura organizacional e cultura brasileira*. São Paulo: Atlas, 1997.

POWELL, Gary N.; GREENHAUS, Jeffrey H. Managing incidents of work-family conflict: a decision-making perspective. *Human Relations*, v. 59(9), p. 1179-1212, 2006.

RANSOME, Paul. Conceptualizing boundaries between life and work. *International Journal of Human Resource Management*, v. 18:3, p. 374-386, 2007.

REARDON, Robert C. *et al. Career development and planning: a comprehensive approach.* Belmont, CA: Wadsworth Publishing Co., 1999.

ROBBINS, S. P. *Fundamentos do comportamento organizacional*, 7ª edição. São Paulo: Prentice-Hall, 2004.

ROBERTS, Laura M.. Shifting the lens on organizational life: the added value of positive scholarship. *Academy of Management Review*, v. 31, nº 2, p. 292-305, 2006.

_____ *et al.* Composing the reflected best-self portrait: building pathways for becoming extraordinary in work organizations. *Academy of Management Review*, v. 30, nº 4, p. 712-36, 2005.

ROCK, Andrea. Change your life. *Money*, v. 26, nº 12, p. 88-95, Dec. 97.

SALOPEK, Jennifer J. Survey says. *Training & Development*, v. 53, nº 9, p.16, Sep. 1999.

SCHEIN, Edgar H. *Career dynamics: matching individual and organizational needs.* Reading: Addison-Wesley, 1978.

_____. *Identidade profissional: como ajustar suas inclinações a suas opções de trabalho.* São Paulo: Nobel, 1996.

_____. *Organizational culture and leadership.* San Francisco: Jossey-Bass, 1992.

SCHMIDT, Klaus H.; NEUBACH, Barbara; HEUER, Herbert. Self control demands, cognitive control deficits, and burnout. *Work & Stress*, v. 21(2), p. 142-54, 2007.

SELIGMAN, Martin E. P. *Felicidade autêntica.* Rio de Janeiro: Objetiva, 2004.

_____. *Learned optimism.* New York: Vintage Books, 2006.

_____. *What you can change and what you can't.* New York: Vintage Books, 2007.

SENGE, Peter M. *A quinta disciplina: arte, teoria e prática da organização de aprendizagem*, 9ª edição. São Paulo: Best Seller, 1990.

SHEEHY, Gail. *Passagens: crises previsíveis da vida adulta*, 15ª edição. Rio de Janeiro: Francisco Alves, 1991.

SOUZA, César. Reinvente sua carreira como um negócio. *Executive Excellence*, nº 1, p. 22-3, Jan. 2000.

STEERS, Richard M.; MOWDAY, Richard T.; SHAPIRO, Debra L. The future of work motivation theory. *Academy of Management Review*, v. 29, nº 3, p. 379-87, 2004.

STEWART, Thomas A. *Capital intelectual: a nova vantagem competitiva das empresas*, 4ª edição. Rio de Janeiro: Campus, 1998.

STOLTZ, Paul G. *Desafios e oportunidades*. Rio de Janeiro: Campus, 2001.

STRAUSER, David R.; LUSTIG, Daniel C.; CIFTCI, Ayse. *The Journal of Psychology*, v. 142(1), p. 21-35, 2008.

SLUSS, David M.; ASHFORTH, Blake E. Relational identity and identification: defining ourselves through work and relationships. *Academy of Management Review*, v. 32, nº 1, p. 9-32, 2007.

TRACY, Diane. A*ssuma este trabalho e cresça: o processo de definição e fortalecimento de sua carreira profissional*. São Paulo: Makron, 1995.

VERGARA, Sylvia C. *Projetos e relatórios de pesquisa em administração*, 2ª edição. São Paulo: Atlas, 1998.

VROOM, Victor H. et al. *Gestão de pessoas, não de pessoal*. Rio de Janeiro: Campus, 1997.

ZARIFIAN, P. *Objetivo competência: por uma nova lógica*. São Paulo: Atlas, 2001.

Outros Títulos Sugeridos

Administração de Cargos e Salários
Manual Prático e Novas Metodologias

Esta obra é fonte de consulta para desenvolvimento e implantação de Planos de Cargos e Salários, para o trato da questão salarial no dia a dia e apoio em cursos de formação, especialização e complementação.

Esta terceira edição traz um livro totalmente revisado e melhorado a partir das necessidades evidenciadas nos trabalhos de consultoria do autor, que aborda todo o tema da remuneração, em seus aspectos teóricos e práticos, enfocando três grandes áreas: A visão geral da administração da remuneração, os novos caminhos na gestão da remuneração e a estatística aplicada.

Na primeira parte, o leitor é introduzido na questão da remuneração e depois passa a estudar mais a fundo cada um dos seus componentes fundamentais.

Na segunda parte aborda, inicialmente, as metodologias que estão se consolidando nas organizações: remuneração variável e remuneração por habilidade e competências.

Na sequência, é apresentada, em detalhes, metodologia desenvolvida pelo autor e que vem sendo aplicada em dezenas de projetos. A terceira parte explica toda a estatística habitualmente empregada na administração da remuneração, em linguagem de usuário para usuário, evitando as complicações da abordagem acadêmico-científica.

Autor:
Luiz Paschoal
ISBN: 978-85-7303-701-2
Nº de páginas: 288

Outros Títulos Sugeridos

O Profissional DEZ
Como ser um profissional procurado por dez entre dez empresários

Este livro não trata de como montar o seu currículo nem de como se preparar para uma entrevista. Mostra, sim, como é o profissional que os empresários desejam para suas organizações, visão esta sustentada pelas experiências pessoais ou profissionais dos autores e, mais importante, dos próprios empresários e dirigentes.

Os autores Luiz Paschoal, Ana Janete Pedri e Rodrigo Lorenzo Paschoal buscaram detalhar as características que fazem uma pessoa ser um Profissional Dez, a partir do que pensam grandes e consagrados empresários e dirigentes, e que podem ser desenvolvidas por qualquer pessoa, bastando apenas que se deseje realmente alcançar essa condição. Tratando também de indicar os caminhos para se alcançar essas características.

Para realização da obra, foram entrevistados dezenas de dirigentes, entre empresários, reitores de universidades, diretores e gerentes de empresas. O resultado desse trabalho formou um painel representativo do pensamento empresarial sobre o que se entende por Profissional Dez, que vai das características e condutas pessoais, até o envolvimento com a empresa e comprometimento com a própria carreira, passando por uma série de outros aspectos e detalhamentos.

Público-alvo: O livro foi elaborado de modo que os empresários tenham interesse que seus funcionários leiam e de maneira que milhares de pessoas encontrem nele um caminho para se tornarem profissionais procurados pelo mercado.

Autor:
Luiz Paschoal
ISBN: 978-85-7303-946-7
Formato: 16 x 23 cm
Nº de páginas: 136
1ª Edição: 2010

Outros Títulos Sugeridos

O Gerente Intermediário

Manual de Sobrevivência dos Gerentes, Supervisores, Coordenadores e Encarregados que atuam nas Organizações Brasileiras

Os desafios inerentes aos processos de gerenciamento e liderança são cada vez maiores para os gestores intermediários. Só é possível trilhar um caminho de conquistas duradouras se esse profissional compreender quais os papéis devem ser exercidos na empresa onde atua e a cultura organizacional ali instalada, uma vez que esta influencia seus resultados de forma direta.

Se, no início dos anos 90, os gestores intermediários, conhecidos como "burocratas desnecessários", correram o risco de desaparecerem, agora, esses profissionais são considerados imprescindíveis na estrutura organizacional e decisivos para que as companhias alcancem êxito em suas estratégias corporativas. É desse princípio que parte o livro O Gerente Intermediário, escrito pelo administrador de empresas Wellington Moreira.

Repleto de temáticas desenvolvidas com uma linguagem direta, um texto leve, descontraído e fundamentado por exemplos consistentes, a obra desperta importantes reflexões. No decorrer de leitura é possível encontrar uma ampla discussão a respeito dos principais elementos que compõem a gerência intermediária. Entre eles estão os papéis, atribuições e perfil comportamental do gestor médio, estilos de liderança que podem ser adotados, práticas de gestão de pessoas no dia a dia de trabalho e ainda um leque de estratégias bem-sucedidas.

Mais do que um manual completo ações, O Gerente Intermediário possui um conjunto de lições para que gerentes, supervisores, coordenadores, encarregados, chefes de departamento e demais profissionais de cargos de gestão no nível tático precisam para equilibrar e atender às necessidades do staff principal e dos subordinados diretos de suas companhias.

Público-Alvo: Indicado para profissionais que trabalham como gestores intermediários de suas organizações e desejam edificar suas estratégias e ações.

Autor:
Wellington Moreira

ISBN: 978-85-7303-904-7

Nº de páginas: 128

Formato: 16 × 23 cm

1ª Edição: 2010

Entre em sintonia com o mundo

QUALITYPHONE:

0800-0263311

Ligação gratuita

Qualitymark Editora
Rua Teixeira Júnior, 441 – São Cristóvão
20921-405 – Rio de Janeiro – RJ
Tels.: (21) 3094-8400/3295-9800
Fax: (21) 3295-9824
www.qualitymark.com.br
e-mail: quality@qualitymark.com.br

Dados Técnicos:

• **Formato:**	16×23cm
• **Mancha:**	12×19cm
• **Fontes Títulos:**	Times New Roman
• **Fontes Texto:**	Kabel BK BT
• **Corpo:**	11
• **Entrelinha:**	13,5
• **Total de Páginas:**	228
• **2ª Edição:**	2011
• **Gráfica:**	Sermograf